図書館が教えてくれた発想法

高田高史

柏書房

本書に出てくるあかね市立図書館、登場人物等は架空のものであり、実在はしていません。

●7月7日（水）

この街には小学校に入学する前までしか住んでいなかったけど、私の故郷はどこかっていわれたら、やっぱりこの街かな。

神奈川県の郊外にある、海に面した小さな街。

あれから15年か。私も21歳。

……いろいろあったなあ、不思議なくらい。

もうこの街に、昔の私を覚えている人は誰もいないのだろう。私が住んでいた家も近所の家も、今はなくなって大きなマンションになっていた。

私は短期契約でこの街のアパートに部屋を借りた。5月上旬からだから、今日で約二カ月になる。

知っているようで知らない土地での小さな生活を楽しんでいる。

気に入った店で買い物をしたり、喫茶店でぼんやりしたり、海辺まで散歩したり……。そんな生活にも少し飽きてきたけれど。

ある日、川辺の道をぶらぶら歩いていると、見覚えのある建物が目に入った。

……あ、図書館だ。何となく覚えている。私、ここにしょっちゅう来て、絵本とか借りていたんだよ、懐かしいな。たしか黄色い花の絵本が大好きだったっけ、それだけしか記憶に残っていないから探せないけど。

いつしか図書館に立ち寄るのが私の日課になった。

図書館の職員もにこにこ気軽に挨拶してくれる。「ただいま」「おかえり」みたいな感じ。どこか家庭的だな。

ぼんやり並んでいる本をながめる。気になった本はぱらぱらとめくったり、しばらく椅子に座って読んでみたり、借りて帰ったり。

自分のペースでいられる居心地のいい落ち着ける場所。

それが私にとっての図書館。

私の近くで、小学生の男の子が図書館の職員に話しかけている。

「お寺の屋根の出ている本が見たいんだ」

「お寺の屋根か、写真とかあった方がいいのかな、じゃあ、一緒に探しにいこうか」

屋根と聞いて、ふと天井に目をやった。

……けっこう高いんだな。あ、この建物の中に漂っている空気、私が知っているあの空気と同じものだ。私が知りたかったもの。

しばらくカウンター近くの席に腰掛け、天井を見上げていた。

……なんだろう、うまく理解できない。それがわかったら、私のもやもやはふっ切れそうなんだけど。

けっこうな時間が過ぎたと思う。

そろそろ帰らなくてはと思ったとき、カウンターの方から、お客さんと図書館の職員のやりとりする声が聞こえてきた。何か調べものの質問をしているみたい。

「電話番号の市外局番って、いつ頃どういう風に決められたのかを詳しく知りたいのだけど、この図書館で調べられないかな」

「電話番号の市外局番ですか、お待ちください。電話の歴史に関する本はあんまり所蔵がないようですが、通信事業関係の本が何冊かありますね。そこで手がかりが見つかると思います。あと関連する辞典類とか百科事典でも何か拾えると思います。法令とかも関係しているかもしれませんね。たぶん戦後のことだろうから新聞縮刷版にも出ている可能性があります。さっそく調べにいきましょうか」

……えっ、どうしたらそんなことがわかるの。私だったら電話の本がなかったらあきらめるけど。

振り返った私に、一枚のチラシが目にとまった。

『アルバイト急募です　8月末まで　あかね市立図書館』

こうして、上田彩乃《あやの》、あかね市立図書館でのひと夏が始まった。

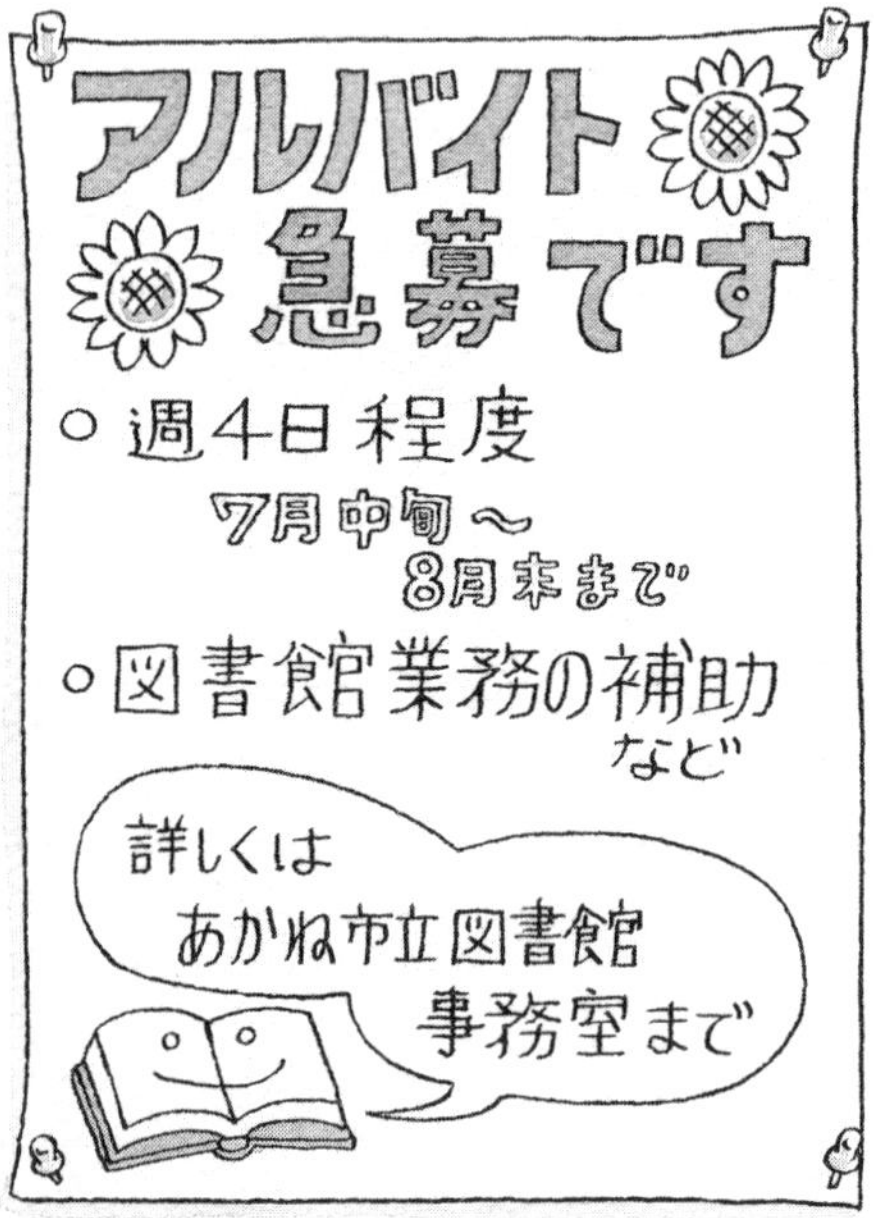
アルバイト
急募です
○週4日程度
7月中旬～
8月末まで
○図書館業務の補助
など
詳しくは
あかね市立図書館
事務室まで

もくじ

7月7日　1
まずは空間を把握します　7月16日　9
目的に応じた使い方を考えます　7月17日　17
調べものはイメージです　7月20日　23
簡単な分類番号の仕組みです　7月21日　32
絞る発想法が基本です　7月22日　39
広げる発想法が応用です　7月23日　47
本の並び方にはクセがあります　7月27日　54
視野の広さを心がけます　7月28日　62
お手軽な観点の見つけ方です　7月30日　70
連想ゲームで観点を増やします　7月31日　77
図書館の事情もあります　8月1日　84
森羅万象ぐるっと一回りします　8月3日　92
歴史と民俗学は幅広く使えます　8月4日　100
手がかりを探しながら調べます　8月5日　108
背表紙から本の内容を考えます　8月6日　115
一冊の本を使いこなします　8月7日　122

調べものに便利な参考図書です　8月11日　130
インターネットを図書館風に理解します　8月12日　137
インターネット検索は言葉の力です　8月13日　146
蔵書検索にもコツがあります　8月14日　154
情報の信頼性を見抜きます　8月17日　162
情報にも旬があります　8月19日　169
わかりやすいのが児童書です　8月22日　176
ネットワークで雑誌を活用します　8月24日　184
調べものの要領を磨きます　8月26日　192
調査を立体的に組み立てます　8月27日　200
台風の日に私ががんばります　8月29日　208
サービスという視点です　8月31日　223
9月21日　232
11月6日　236
本文中の引用書籍一覧　244
日本十進分類表　249
あとがき　250

7
日 月 火 水 木 金 土
1 2 3
4 5 6 7 8 9 10
11 12 13 14 15 16 17
18 19 20 21 22 23 24
25 26 27 28 29 30 31
8
日 月 火 水 木 金 土
1 2 3 4 5 6 7
8 9 10 11 12 13 14
15 16 17 18 19 20 21
22 23 24 25 26 27 28
29 30 31

まずは空間を把握します

●7月16日（金）

　電話番号の市外局番についての質問にすらすらと受け答えしていた人は伊予《いよ》高史《たかし》さんという。メガネをかけて髪の短い、たぶん40歳よりやや若い男性。もっとも図書館の人たちは年齢不詳の方が多いけど。

　アルバイトに採用された私は、伊予さんについて働くことになった。伊予さんは図書館司書という資格を持っていて、主に調べもの（図書館ではレファレンス・サービスというのだそうだ）を担当している。

　私は伊予さんの指示に従って、統計をまとめたりパソコンで書類を作ったり、本を書架に戻したり、カウンターでの受付やお手伝いなどをすることになった。

　そして、アルバイト初日。

「あの、伊予さん、すみません。もしよかったら、調べもののコツを教えていただけないでしょうか？」

「ん、彩乃ちゃんは図書館員になりたいの？」

「そういうわけではないのですが……、調べものがうまくなりたくて……」

たぶん、そのときの私はとてつもなく真剣な目をしていたはず。

「ま、いいけどね。僕がやっている調べものは、あくまで図書館を使った調べものだし、かなり我流だけどそれでもいい」

「お願いします」

こともなげに引き受けてもらえて少し脱力した。

「では、休憩時間とかに一日10分くらい、僕の知っていることを話すってことにしようか」

「はい、ありがとうございます」


仕事をしながら、伊予さんとお客様との対応をそれとなく意識して見ていた。

伊予さんが調べものを受けてお客様をご案内するとき、「それではこちらにどうぞ」とすたすた歩いていってしまう。パソコンで何か検索したり、メモをとってからのこともあるけど、すごいなあ、どこにどんな本があるのかわかっているのかな。

「伊予さんは図書館の一冊一冊の本を知っているのですか？」

「えっ、まさか。だって数十万冊あるんだよ」と逆に驚かれてしまう。「それに記憶力はぜんぜん自信ないというか、人並み以下だし」

「そうは見えませんが。だって質問を受けたら、すぐ本のところに歩いていってしまうことが多いですよ」

「うーん、だいたい何がどこにあるかくらいはわかるけど。もう十数年勤めているから知識というより経験で。何となく適当に」

「適当？」

「あのあたりには歴史の本が並んでいて日本古代の本は書架の下の方とか、その反対側は地理の本で地域別に並んでいるなとか、その程度かな」

「それだけで大丈夫なんですか」

「もっときっちり覚えなくてはいけないんだけど、僕の場合、頭の容量が大きくないから」と伊予さんは苦笑し、不思議そうにしている私を見て、

「あらためて聞かれると困るなあ。記憶というよりは感覚で対応しているし、よく知っている分野もあればあまり知らない分野もある。図書館員でも人によるのだけれど。同僚の石尾里子さんなんて、僕から見ても本を一冊一冊しかも内容まで覚えていそうな感じだものね。人それぞれ自分にあったやり方があるから」

うまく理解できないなりに感心する私。そんな私に伊予さんは簡単な例をあげて説明してくれた。

「例えば、彩乃ちゃんがスーパーマーケットにカツオの刺身を買いにいくとしよう。彩乃ちゃんが正確にカツオの刺身はどこの棚の何段目にあるかはわからなくても、だいたい魚の売り場にいって刺身が並んでいるところを探せば、カツオの刺身はたぶん見つかる。僕の知っているのはそのレベルに毛

が生えた程度かな。第一歩としてはそのくらいまで押さえておけばいいや」

「図書館での調べごとは、もっと複雑な知識が必要なんだと思っていました」

「カツオの刺身だったら、今日は高知県産なのかとか、漁師の矢嶋さんが昨日釣ったばかりだとか、大きさや在庫の状況とか、詳しい知識が求められることもあるだろうけど、そういうことはなかなか覚えられないし、必要だったらそのときに確認すればいいと思うな」

「詳しい店員さんは知っていますよ」

「ぜひ、そういう真面目な店員さんのいるスーパーで買い物してあげなさい。まあ図書館の場合、そこまで知らなくても何とかできてしまうやり方もあるんだけどね」

……ふーん、その方が圧倒的に私向きかも。

「もちろん最低限覚えておいた方がいいことはある。スーパーだったら一つ一つの商品がどこにあるのかわからなくても、魚のコーナーがどの位置かとか、どんな風に魚が並んでいるかとか、特売品はどういう表示がされるのかとかね」

「図書館で最低限のことを覚えるのは私にもできるでしょうか」

「ある程度、関心を持っていれば自然に身につくから大丈夫。彩乃ちゃんだって、はじめて入ったスーパーでも10分くらいうろうろしていれば、何となくその店のことがわかってくるはず」

「買い物に困らない程度なら……」

「スーパーで買い物をするのだったら、何がどこらへんに置いてあるのかを知るのがとりあえずの基本。それに対して僕は薬局にほとんどいかないから、たまに薬局に入ってうがい薬を買おうとしても、なかなか探すことができない。薬局の空間を知らないってこと。

図書館で調べものをする上でも、まず図書館の空間を把握するのが大前提」

なるほど図書館という空間か……、考えてみると、知っているようで知らないな、あかね市立図書館がどういう空間なのか。

「そうだ、彩乃ちゃん、休み時間にでも10分限定で図書館を隅から隅まで歩いてごらん。本は一切手に取らずに、どこに何があるのか知るのを目的に図書館を一周してみよう。初めて来たスーパーを探検してみると思えばいい。いろいろ発見があると思うよ」

昼休みを少し早めに切り上げて、伊予さんにいわれたとおり10分間限定で図書館を一周してみることにした。考えてみると、図書館に来たときって、今まで自分の興味があるところ以外には足を踏み入れたことがなかった。そのあたりが図書館愛好者と図書館で働く人との違いかもしれない。

まず一般の本は、経済とか科学とか文学とか分野ごとに並んでいる。私がよく目を通しているのは芸術と文学の棚で、それも興味のある分野や気に入った作家さんの棚がほとんどだけど、それは図書館のごく一部なんだとあらためてわかった。

ふーん機械工学か、自分が一度も見たことのなかった書架もあるんだなあ……。電気工学、海洋工学、金属工学……、なるほど、本は分野ごとに並んでいるのか。たまに気になる本もあるけど、今はながめるだけで通り過ぎよう。

奥の方には、参考図書コーナーがあって、辞典なんかが並んでいる。

時間がないな。図書館を一周するのだから次は児童コーナーにいってみよう。

懐かしい、子どものときはよく来たんだよね。へえ、児童書も分野ごとに並んでいるんだ、当たり前か、絵本や文学作品だけではないんだね。一口に児童書といってもいろいろあるんだ。

児童コーナーの隣はティーンズコーナー。中学生や高校生向けの本や雑誌が並んでいる。文庫本やビジュアルな感じの本が多い。学校の図書室と似ているようで一味違う。壁には新しい本やお薦めの本の情報がイラストをまじえて貼ってある。何か楽しげ。

その後、雑誌のコーナーもざっとながめた。斬新な建物が表紙の建築の雑誌があったり、かわいい子犬が表紙のペットの雑誌があったり、今まで見たことのなかった雑誌がたくさんある。思わず手に取りたくなるが我慢しておこう。

あ、もう時間か、早いなあ。10分間の駆け足だったけど、だいたい図書館を一周したかな。事務室に戻ろう。

「伊予さん、図書館を一周してみました」

「おっ、どうだった」

私は、どこを歩いてみたか説明した。

「全体的には図書館を半周したくらいかもしれないね」

伊予さんは図書館の案内図を持って来た。しまった、そういう便利なものもあったんだ。

「ほら、奥には郷土資料のコーナーもあるし、そんなに多くないけど、視聴覚のコーナーにはＤＶＤやＣＤもあるよ」といわれた。

横にいたベテラン司書の石尾さんが話に加わる。

「雑誌の隣には新聞もあるわよ。情報検索のコーナーでは図書館の蔵書を検索できるしインターネットも使えるわ。児童コーナーには紙芝居もあるけど気がついたかな。案内図には出ていないけれど書庫もあるし」

「はー、図書館って広いんですね」

「広くはないよ、面積的には。この案内図の範囲だけだもの。でもそこに幅広い分野の本が詰まっていたり、いくつかのコーナーがあったり。自分の興味のあるところしか利用しないお客様も多いけど、僕らはこの全体を使うのが仕事」と伊予さん。

「そうね、いろんなニーズに対応できるよう、あらゆるジャンルをそろえているという意味では、とても広い空間といえるかもしれないわね」と石尾さん。

「さっき、この図書館の本を一冊一冊知っているかって、彩乃ちゃんは聞いてきたけど、僕の知っているのはこの案内図に描かれている見出しの項目くらいかもしれないな。「物理」とか「園芸」とか、大雑把に何がどこにあるか知っている程度。でも、それで何とかなるものなんだ、図書館って」

「伊予さんは、もう少しきっちり覚えた方がいいかもよ」と、石尾さんが笑う。

あかね市立図書館
返却ポスト
作業室
事務室
カウンター
新聞 雑誌
視聴覚コーナー
一般書
郷土資料
展示コーナー
ティーンズコーナー
OPAC
カウンター
児童書
参考図書
図書館と スーパーを 比較してみよう。
私がよく使う
スーパー唐戸
しょうゆ
調味料
米
そば
うどん

目的に応じた使い方を考えます

7月17日（土）

目的がある早起きは気持ちがいい。

朝7時、一時間後には通勤や通学の人たちが早足で歩き去っていく川辺の道も人がまばら。夏の空気はまだ涼しい。

今日は自主的に一時間早く図書館に出勤した。昨日は10分間で図書館の中を一周したけれど、ぜんぜん時間が足りなかったので、案内図を見ながら少し時間をかけて図書館を隅々まで見ておきたいと思ったからだ。

まず図書館という空間を知ることが、調べものをうまくできるようになるための基本。

それにアルバイトとはいえ、あかね市立図書館のエプロンをしている。お客様から案内を求められるかもしれない。難しい質問だったら職員の人たちにお願いしてしまうけど、せめて「郷土資料のコーナーはどこですか」くらいは案内できるようにしておかないとね。

開館前の静かな図書館、もちろんお客様は誰もいない。数人の職員さんがちらほらと出勤していたり、清掃の人が掃除機をかけたりしている。そんな中、案内図を片手に歩き回るのは、いつもと違う図書館を探検しているみたいで楽しかった。

清々《すがすが》しい気分で「へえ、ここには地図の本があるんだ」など確認しながらと歩いていると、「おはよう、彩乃ちゃん。早いね」と声をかけられた。相手はこの図書館の職員で一番若い本宮美里さん。「もしかしたら出勤時間でも間違えたの」

「いえ、図書館の中を一周りしているんです」

私は本宮さんに簡単ないきさつを話した。

「そう思うな。何をするにしても、まず図書館という空間を知っておかないとね。私もここの図書館に採用されたばかりのときは彩乃ちゃんみたいに館内を探検したよ。あまり大きな図書館ではないけど、あらゆるジャンルの情報が凝縮されていて、図書館って密度が濃いよね」

「はい。たくさんの分野やコーナーがあるし」

「目的に応じて使い分けたりね」

「そうですね」と相づちを打ちながら、本宮さんの言葉をすぐに飲みこめずに考える。目的か……。

その日の昼休み、伊予さんに今朝時間をかけて図書館一周してみたことを話した。

「そうか、図書館にどんなコーナーがあるのかはだいたいわかったみたいだね。最低条件はクリアしたわけだ」

「本宮さんに、目的に応じた使い分けがあるともいわれました」

「それで考えてしまっているんです。例えば新聞のコーナーは新聞を読むのが目的ということなのかな。目的って何でしょう」

「うん、そうだよ」

伊予さんはどう説明しようか少し考えている。

「たしかに新聞のコーナーには今日の新聞が並んでいる。でも新聞を読むのが目的というよりは、何のために新聞を読むのかが目的だと思う。彩乃ちゃんは新聞をどんなときに見る?」

「どんな事件があったのかとか、テレビ欄とか……」

「昨日起こった事件は本には出ていないから新聞を見る。もちろん今晩のテレビ番組も本を見てもわからないから新聞を見る。それが図書館で新聞を使う一つの目的」

「新聞を使う目的は、新しいことを知りたいとき?」

「新しいっていっても一日単位くらいでね。もしたった今、どこかで大きな地震があったとする。地震の臨時ニュースでテレビの番組にも変更があるかもしれない。でも当然、今朝配られた新聞のテレビ欄には反映されていない。変更されたテレビの番組を知りたい時は、情報検索コーナーのインターネットでテレビ関係のサイトを確認する。それがインターネットを使う目的。

その地震を翌日、詳しく知りたいと思ったら、インターネットより新聞の方がわかりやすくまとまった記事を読める。それは新聞を使う目的。

そんな感じで、知りたい目的、調べたい目的に合わせて、図書館の中のコーナーを使い分けるんだ」

「例えば、音楽を聴きたい目的だったらCDのコーナーとかでいいのかな」

「正解。簡単にくくれないのだけどね。例えばクラシックのCDの付録の冊子が十八世紀のウィーンの調べものに役に立つことだってある」

「CDのコーナーは音楽を聴くだけが目的とは限らないということか」

「ポイントは、自分が調べたい目的を理解して、自分が必要としている情報と結びつけるってことだと思うな。先入観なく、使えるものは何でも使おうっていう臨機応変な姿勢で」

「はあ、奥が深いですね……」

「何となくまだ目的がつかめていないみたいだね。では彩乃ちゃんが急遽《きゅうきょ》、明日から3日間くらい奈良を一人旅することになったとします。楽しい旅にするためにこの図書館で何をする」

「奈良ですか、修学旅行以来だからあんまり詳しくないなあ。まず奈良のガイドブックを借ります。泊まるところもガイドブックに出ていますよね。どうやって奈良までいけばいいのかもわからないから時刻表を見ればいいのかな。そうそう、奈良ってどこかに阿修羅《あしゅら》の仏像があるんですよね。一度、拝観してみたいから仏像の本とか少し読んでおこう」

「彩乃ちゃん、それでOK。ちゃんと調べたい目的と図書館の情報を結びつけている。基本的な奈良の観光情報を知りたいという目的でガイドブック、宿泊先を確認したいという目的でもガイドブック、交通手段を確認したい目的で時刻表、阿修羅の仏像について知りたい目的で仏像の本。

　目的があって、それに応じた資料を選ぶということ。阿修羅の仏像だってガイドブックにも載っているのはわかっているのだろうけど、もっと詳しく知りたいから仏像の本って考えたんだよね。目的による使い分けもできているというわけだ」

「ふうん。調べもののときには、どういう情報が必要なのかを考えて、目的に応じて図書館の空間を使い分けていくのか」

「今は、その程度の理解でも十分だよ。おいおいわかってくるから」


今日は図書館職員の木崎ふゆみさんと本宮美里さん、二人とも誕生日だそうで、仕事のあと、お祝いの会をするのだという。私も本宮さんに声をかけてもらったので参加してみることにした。会場は駅前のお好み焼き屋。

……お好み焼き屋さんで誕生日のお祝いか。ちょっと変わっているけど楽しそう。お好み焼き屋さんの使い方も自由ってことか。

宵待草が咲く川辺の道を図書館の人たちと、そぞろ歩く。

「この間、歯医者さんで親知らずを抜いた方がいいっていわれたんだけど、どうしようかな」と本宮さんが話している。

……病院と一口にいっても、内科・外科・耳鼻科・歯科・小児科とか、たくさんある。私も症状に応じて受診する科を使い分けている。図書館でも同じことなんだ。

何かすっきりした。夕暮れ時の川辺の風が気持ちよかった。

お好み焼き屋さんに集まった人々。

木崎 ふゆみさん
マンガが好きらしい。たくさん飲んでいた。
本宮 美里さん
仲のいいお姉さんになってくれそう。
川波太郎さん
係長さん。宴会を仕切っていた。
伊予高史さん
ウクレレで苦労してハッピーバースデーを弾いていた。
富士のぶえさん
誕生日の絵本を持ってきて朗読していた。
横道独歩さん
話題が豊富でこだわりがありそうだ。
田中弥生さん
占いが好きで私を占ってくれた。「なつかしいものと再会できそう」だって。
石尾 里子さん
お好み焼きをおいしそうに食べていた。
お好み焼き屋に集まった面々です。

調べものはイメージです

●7月20日（火）

「伊予さん、ズバリ図書館で調べものを得意になるコツは何ですか」

思い切って核心を聞いてみた。

「イメージする力」と、あっさり即答された。「もちろん、伊予流でということだけど」

「何をイメージするのですか？」

「探している情報がどこに出ているのかなっていうイメージです」

……わかるような、わからないような。

「そうだね。例えば」と伊予さんは少し考えをめぐらして「彩乃ちゃん、今朝、何を食べた？」

「納豆でした」

「納豆か……。ならば彩乃ちゃんが納豆のおいしいかきまぜ方を、この図書館で調べたかったらどうする」

「納豆の本を探すかなあ」

「その本はどんな一冊？ 何が書いてあるの？」

「え、……納豆の食べ方とか、が書いてある本」

「ずいぶん都合のいい本みたいだね、ご都合主義でいいからそういう感じでイメージできればいいんだ。本当に所蔵があればいいけど。では、その本の書名は何？」

「……『納豆のおいしい食べ方』かな」

「ストレートな書名だね。『納豆のおいしい食べ方』は図書館のどこに並んでいるのかな、自由に考えていいよ」

「たぶん料理の本の棚」

「さて料理の棚を見ても、そんなにぴったりの納豆の本はなかったとします。ひょっとして所蔵があったとしても貸し出し中かもしれない。ならば彩乃ちゃんはどうしますか」

「……インターネットを」と私がいいかけたら「インターネットもいいけど、今、インターネットはサーバのトラブルで使えないことにしよう」と切断されてしまった。

そこで私は困ってしまった。料理の棚に納豆の本がなかったらどうするのだろう。伊予さんは「イメージできないかな。適当でいいのだけれど。遊びの発想でいいよ」とにこにこしている。

発想が乏しいと思われるのも嫌だから「大豆の本とかかなあ……」と口に出してみた。

「いいですね、大豆の本。では、その本の書名は。図書館のどこに並んでいるの」

あまり難しく考えなくてもいいみたいなので思いつくまま気楽に答えていくことにした。そういう感覚は嫌いではない。

「本の書名は『大豆のすべて』なんてどうでしょうか。大豆の本は図書館のどこに並んでいるのかなあ……、さっぱり見当がつかないから、あてずっぽうだけど農業のところ」

「では農業の棚にいって、『大豆のすべて』という本を手に取ってめくりました。納豆のおいしいかきまぜ方が出ているページをイメージできる？」

「少し無理があるような気もする」

「はは、他には何か出ていそうな本はイメージできない」

「うーん、難しい……」

何となく悔しいな。伊予さんは気のせいか得意げな感じだ。

「では僕のイメージね。

もちろん『納豆のおいしい食べ方』とか納豆の本があれば、それにこしたことはないのだけれど、そういう都合のいい本はないかもしれないし、その本にかきまぜ方が出ているとも限らない。

ズバリ納豆の本がなくても、料理の棚で納豆のかきまぜ方の記載が見つかる可能性は十分にあるよ。例えば、納豆・豆腐・油揚げとか大豆食品の料理だけまとめた本があれば、納豆のかきまぜ方も出ているかもしれない。納豆は朝食の定番なので、仮に『おいしい日本の朝食』があれば、やっぱり出ているかもしれない。

あとは食べもの系の雑学本。『知って得する身近な食べもの豆知識』とかに、たまたま取りあげられているかもしれない。

納豆は好き嫌いのある食べものだから『嫌いな食べものをおいしく食べる本』みたいな一冊があったら、おいしく納豆を食べられるかきまぜ方が出ているかもね。その場合は料理の棚に限らず、食育の棚も対象になるのかもしれないけど。

それから、食通の人とかグルメな人が納豆に関する文章で、かきまぜ方について触れているかもしれないから、食べもの関係だけではなく随筆やエッセイも対象になるか。

彩乃ちゃんがイメージした大豆の本というのもOKだけど、農業の棚だけではなく、食品工業の棚にもあるかもしれないな。納豆とか大豆というわかりやすい書名ではなくて、発酵食品とか難しい書名かもしれないね。もちろん、専門的な本においしいかきまぜ方が直接出ているのかどうかは疑問だけど、製造開発の関連とかで触れられているかもしれない。

あと納豆といえば関東地方だと水戸。茨城県とか水戸の本で紹介されているかも。県別の郷土料理の本なら所蔵していたと思うし、水戸周辺のガイドブックのコラムに「地元の人が教える おいしい納豆のかきまぜ方」なんて小さな記事があるかもしれないよ。そうイメージできない」

「いわれると、そんな気がするような」

「納豆は健康にもいいそうだから『体によい食べもの』的な本にも、納豆を何回くらいかきまぜて食べるとおいしくて体によい、なんて文章があるかもね。健康関係や栄養関係の棚も候補になるかな。

他には何だろう。菌の本とか。少し飛躍しすぎか。

イメージだけならまだ浮かびそうだけど、大きなところではとりあえずこんな感じかなあ」

ぽかんと聞いている私をよそに、伊予さんは話を続ける。

「そういえば彩乃ちゃん、この間、図書館内を一周したっていっていたよね。今、僕がいったのは納豆の出ていそうな本についてだけど、本に限らず、例えば新聞の家庭欄にも納豆のおいしい食べ方が取りあげられているかもしれない。

もちろん雑誌だってそういう可能性はある。雑誌はジャンルも分野も幅広いよ。シニア向けの雑誌にこだわりの食べ方が出ていることもあるだろうし、案外、どこかの学者さんが学術的に研究していて専門雑誌の論文になっていたりするかもしれない。

あ、忘れてはいけない、児童書にも出ている可能性は十分あるからね。そうすると本当に図書館中のコーナーが対象になるかなあ」

「……あの、伊予さんはそれを全部、調べるのでしょうか」

「えっ、ほとんど適当な思いつき。ありそうもない本も含まれているよ。たくさん思い浮かべられればいいってものではないし、仮に調べるとしても優先順位はある。今のは頭の中のイメージトレーニングみたいなもの」

「イメージトレーニングか、私には無理かも」

「イメージするのにもコツがあるからまったく心配ありません」

……難しそうだけど、本当に大丈夫かな。

「そんなに不安がらなくていいよ。例えば辞典を引くだけのような何気ない調べものでも、ちゃんとイメージが働いているんだから。

そうだなあ……、彩乃ちゃん、カウンターの上に「相談」って案内板があるけど、相談ってどういう意味？」

「人に聞くこと」

「図書館ではお客様に回答するとき、図書館員個人の記憶や思い込みではなく、信頼できる情報で回答するのが鉄則。正確に「相談」っていう言葉の意味を調べないといけないときにはどうする」

「国語辞典を引きます」

「はい。今、彩乃ちゃんは、国語辞典を引いたら「相談」という言葉の説明が出ているとイメージしたから、国語辞典を引こうと思ったわけだ。そういうのも調べものに必要なイメージ」

いわれればそんなイメージが一瞬あったのかもしれない。

「イメージって調べもののあらゆることにかかわる大事なことなんだ。どの本に出ているかな、その本を開いてどんなページに出ているのか、図書館のどこの棚に並んでいるのかなって。インターネットで情報を引き出すときにもイメージは必要だし。

もっとも何かイメージできたとしても、イメージと現実を近づけてどう活用していけばいいのかはコツがいるけど。僕ら図書館員は日々あらゆる本に接しているわけで、どういう本にだったら出ていそうだとか、その本はどこを探せば見つかりそうだとか、本を通したイメージが浮かびやすい環境にいるんだけどね。

彩乃ちゃんは、調べものに強くなりたいみたいだから、どんどんイメージを鍛《きた》えてください。調べたい情報はどこで見つかるかをイメージする、それが調べもののコツです」と、伊予さんは席を立った。

たくさんの話を聞いて混乱した。何だかうまく整理できないや。頭の中が納豆状態、ねばねばしている感じ。伊予さんがいっていることはシンプルで難しくはないから、そのうちわかるってくるだろう。

ちなみに気になったので、勤務時間のあと、納豆の本を見てみることにした。

事務室に残っていた本宮さんに納豆の本がどこにあるのか聞いたら、いくつか番号をメモしてくれた。

そのうちの一つ、［619・6］の書架にいったら、書架に「［619］農産物の製造・加工」と見出しがある。番号には意味があるのかな。どうやら図書館の番号を知っておいた方がいいような気がする。明日、質問してみよう。

さて、［619・6］の棚で書名に納豆とつく本を何冊か手に取ってみる。

えーと、なになに……。

『納豆大全！』（小学館）には「納豆の正しい食べ方」という項目があり、「須見洋行教授の話では、たくさんかき混ぜて糸を出したほうが、ナットウ・キナーゼが多くなり、よいという」という説を紹介した上で、著者の町田忍さんは「糸が白くなるまで混ぜることはしない。白くなるのは空気が混ざるからである。せいぜい二十回程度にしている」のだそうだ。

『納豆万歳』（一二三書房）という本の「あとがき」には著者の永山久夫さんが「私の長年の実験や研究によりますと、まず、右に十五回、次に左回りで十五回、合計三十回が、もっともうまく味わうことができるようです」と書かれている。

『納豆の快楽』（講談社）には、北大路魯山人の食べ方が引用されていた。「かたく練り上げたら、醤油を数滴落としてまた練るのである。また醤油数滴を落として練る。要するにほんの少しずつ醤油をかけては、練ることを繰り返し、糸のすがたがなくなってどろどろになった納豆に、辛子を入れてよく撹拌する」だって。

最後のは上級者向けだなあ。右左に十五回コースなら私にもできそうだから、次に納豆を食べるとき、試してみよう……。

いつの間にか閉館放送が鳴り始めた。えっ、もう2時間以上も過ぎたのか。まだ一カ所だけ、しかも数冊しか確認していないのに。納豆のかきまぜ方が見つかったのはいいけど、調べ方がさっぱりわからないや。

菌
健、康
雑学
農業
商業
食育
料理
地方
雑誌
納豆もいろいろ
食べ方があるね。
大根おろしとおそば
で納豆おろしそば
は私の夏の
定番。

●7月21日（水）

簡単な分類番号の仕組みです

「伊予さん、昨日の帰りがけ、納豆のかきまぜ方について調べてみました。［619・6］のラベルが貼ってあるところで納豆の本が何冊か見つかりました。［619・6］という数字に何か意味があるのですか」

「［61］だから農業で……。分類表で確認するから待ってね」と、伊予さんは机の上から本を引き抜いてめくった。「……［619］は農産物製造・加工、さらに［619・6］で大豆・豆類製品だね」

「大豆とか豆類製品か、なるほど、それで納豆の本があったんだ。図書館で調べものをするには、本のラベルの番号を覚えておいた方がいいのかな」

「分類番号か……。それにこしたことはないけれど、暗記をする必要はないよ。仕組みを知っておけばいいんだ」

「ランダムに番号が振ってあるわけではないのですね」

「ランダムといわれると、うーん、やっぱり概略くらいは知っておいてもらおうかな、本を探すときの道しるべだし。説明っぽくなるのは苦手だけど、難しくならない範囲でレクチャーしておきます」

伊予さんは、先ほどの本を示していう。

「これが図書館の分類番号が書いてある本。『日本十進分類法』(日本図書館協会)という分類番号の一覧表。図書館員はNDCっていっているけど」

伊予さんが差し出してくれた本をぱらぱらとめくる。項目と番号がびっしりと並んでいる。こんな風に細かく番号が決められているのか。

「日本のほとんどの図書館は、小学校の図書室なんかも含めて、この分類表を基に本を並べていている。基本的な仕組みを知っておくと、日本中の図書館で使えるから便利だよ」

「そうなのか、ぜんぜん知らなかった。とってもすごい方法なんですね。誰が考えたのだろう」

伊予さんは口を開きかけたが「興味があるのだったら、あとで分類の歴史の本でも見て自分で調べてください」だって。

「それではさっそく超簡単な分類の説明を5分くらいで行います。いくら覚える必要はないといっても、図書館での一般常識として10個の番号だけは覚えておいてもらいたいかな。

大雑把だけど、[0]は総記、[1]は哲学、[2]は歴史、[3]は社会科学、[4]は自然科学、[5]は技術、[6]は産業、[7]は芸術、[8]は言語、[9]は文学。

図書館の本は、この10の番号のいずれかが必ず始めの1ケタにつくことになります」

今まで気にしていなかったけど、私がよく借りる美術の本は[7]、小説は[9]で始まる番号がラベルに書いてあった気がする。よしっ、その10個は覚えよう。

「分類番号は本の内容を表す番号でもあるけど、本を並べるときの所在地でもあります。この本はここに置かれているかっていう住所。図書館中、まったくどこにも置き場のない本はあり得ないから、本には必ず番号がつく。そうだな、何を例にしようか……」と伊予さんは分類法の本を見ている。

「わかりやすそうなところで動物を例にしてみよう。まず［4］で始まる大きなくくりがあります。［4］は自然科学というくくり。自然科学をわかりやすくいえば、理科や数学や医学」

へえ、［4］で始まる番号にはそんな意味があるのか、自然科学も耳慣れない言葉だし。聞いておかないとわからないな。

「あかね市立図書館に自然科学の本は何万冊かあるので、［4］という1ケタの番号だけつけて本を並べたら、どこに何の本があるのかわからなくなります。だから［4］を細かく分けて内容ごとに整理していきます。［4］という自然科学のジャンルに2ケタ目の番号をつけて、数学は［41］、物理は［42］、化学は［43］、天文は［44］、地球は［45］、とか……。そうだな、住所風にいえば図書館4丁目だけだとわからないから何番地までつけるみたいな感じかな。4丁目2番地は物理さん、4丁目3番地は化学さん」

「本の住所か、何となく理解できます」

「それで4丁目8番地は動物さん、すなわち［48］で始まる番号には動物関係の本が並んでいる。だけど動物関係の本もたくさんあるし、動物といってもさまざまだ。より使いやすくするために動物というくくりをさらに分けたいとき、［48］という番号をどうすればいいだろう」

「［48］に、もう一つ番号をつけるのかな」

「そのとおり。［48］に番号をつけて分けていく。例えば、［486］は昆虫、［487］は魚とか爬虫類《はちゅうるい》、［488］は鳥、［489］は哺乳類《ほにゅうるい》、といった感じ。住所風にすると、4丁目8番地8号は鳥さん」

「鳥の本を探すときは、［488］を探せばいいのか」

「そういうこと。でもその前に、鳥の中を詳しく分けたいときはどうするのかな」

「［488］にまた番号をつけて、4ケタにします」

「はい。ダチョウの仲間は［4883］、ニワトリやハトの仲間は［4884］、ツルやサギたちは［4885］、海辺の鳥なんかは［4886］とか。図書館では、表示しやすくするために、［488・6］と3ケタ目に点をつけるけど。

あと読み方はヨンヒャクハチジュウハッテンロクではなく、ヨンハチハッテンロクと読むのが一般的です。ヨンヒャクハチジュウ……でもいいけど、図書館員からすれば少し素人っぽく聞こえます」

「素人ですけど、それも悔しいからヨンハチと読むようにします」

「さらに［488・6］に5ケタ目の数字をつけて詳しく分けることもできます。例えば［488・64］がカモメで、［488・66］がペンギンとか」

「4丁目8番地8号にある鳥アパート64号室がカモメさんで、二つお隣の66号室がペンギンさん」

「そんな感じの理解でいいや。あかね市立図書館では、せいぜい4ケタくらいしか使っていないけどね。そこまで細かく分けるほど鳥の本が多くあるわけでもないから。小さな図書館や児童コーナーだったら2ケタや3ケタで止めたり、大きな図書館だったら5ケタとか使ったりしていることもあるけど。まあ、今の彩乃ちゃんだったら、とりあえず3ケタの分類表（要目表）で十分だよ。3ケタまでなら分類表の本の最初にまとめてある10ページですむしね」

「10ページだったら大変じゃないや。あとでコピーしておこう」

「だいたい以上でもっとも基本的な分類番号の仕組みは理解できたことになります」

「よかった。調べものの上達にも影響ありますか」

「それには分類を理解するだけでなく使いこなしていく必要があります。ところで彩乃ちゃん、図書館の本には何で分類番号がつけられたんだと思う」

「内容ごとに本を並べるため？」

「うん。同じ内容の本がまとまって並んでいたら、本を探すときに便利だよね。

　例えば牛の本は牛でまとまっていると便利だ。では彩乃ちゃんが牛について調べようとしたとき、どこの棚を見る」

「さっきの動物の哺乳類の番号のところ。［489］だっけ」

「間違いではないけど［489］の棚を見ても牛だけの本はあまりないかも。なぜなら人間に飼われている動物は、家畜・畜産動物［645］という分類があって、そちらの方に並べられることが多いから。牛とか豚だけでなく、ペットの犬とか猫なんかも」

「えっ、ペットは家畜かな……それは少し違うような気がする」

「ごもっとも。そんな風に、ちょっとずれているかもしれないなという分類はけっこうあるんだ。そもそもあらゆる本を10の分類ごとに分けていって番号を決めないといけないんだから、多少の無理は出てくるよ」

「強引なところもあるんだ、分類番号って」

「そういう点からも、昨日みたいなイメージする力が大事になってくるんだけど、しばらくは分類の仕組みを応用した説明をしていこうか。

まずは実際に図書館で、どんな本にどういう分類番号がついていて、どう並んでいるかを確認した方がわかりやすいと思うから、朝の書架整頓や配架作業をするときに分類番号を意識して見ておくといいよ」

「はい。本のラベルに書かれた番号の仕組みを今日はじめて知りました。ちょっと感激しています」

「学校の授業や学校の図書室で習わなかった」

「うう、聞いたような、聞いていないような。あんまり記憶にないなあ」

「テストに出るわけでもないし、聞いていたとしても記憶に残らないよね。小さな図書館だと見回せば探せるし。僕も分類番号を初めて理解したのは、司書の資格をとる講習のときだったな」

……んっ、いいのか。

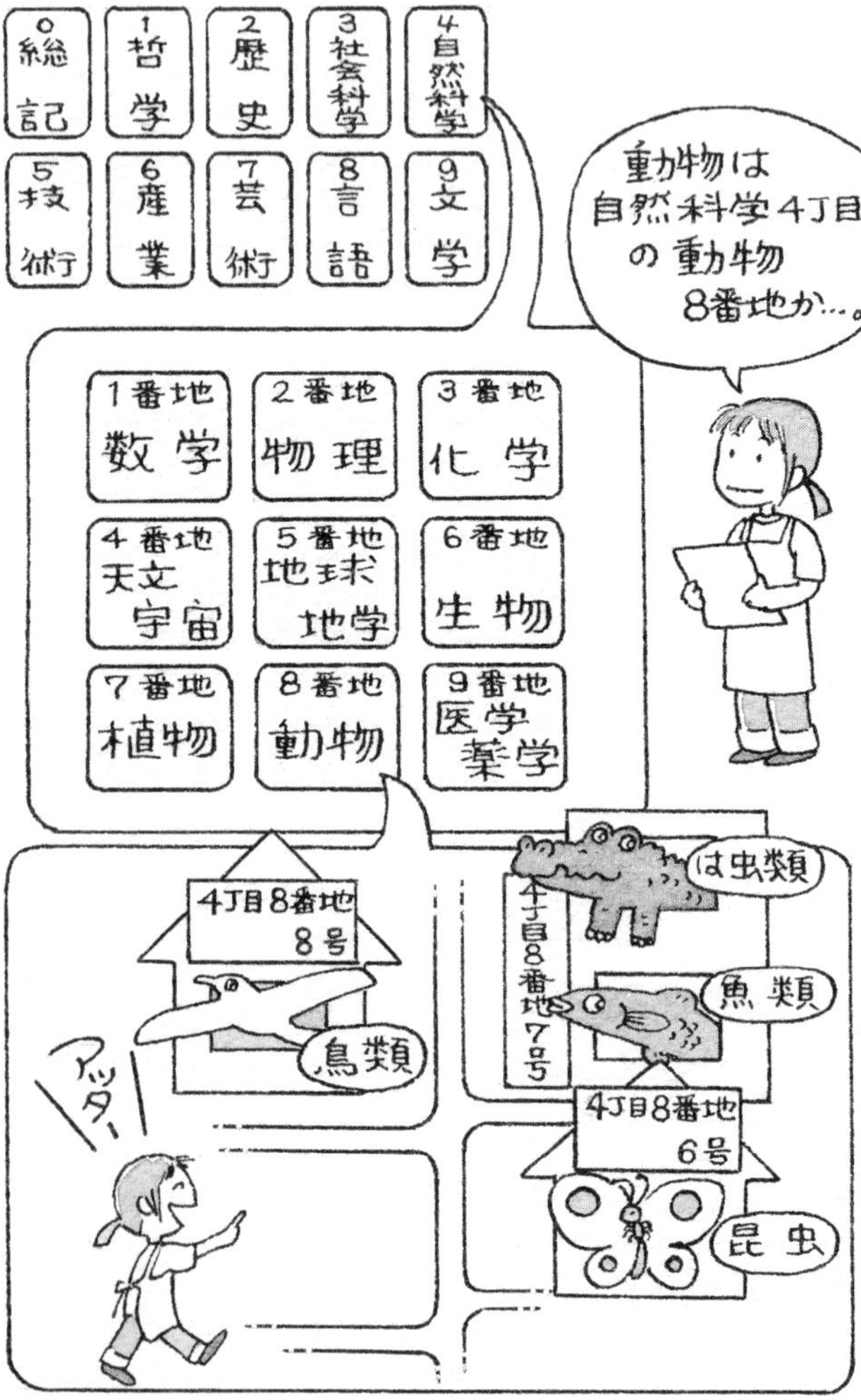
0 総記
1 哲学
2 歴史
3 社会科学
4 自然科学
5 技術
6 産業
7 芸術
8 言語
9 文学
動物は
自然科学4丁目
の動物
8番地か…。
1番地 数学
2番地 物理
3番地 化学
4番地 天文 宇宙
5番地 地球 地学
6番地 生物
7番地 植物
8番地 動物
9番地 医学 薬学
4丁目8番地 8号
鳥類
4丁目8番地7号
は虫類
魚類
4丁目8番地 6号
昆虫
アッタ!

絞る発想法が基本です

●7月22日（木）

今日は夏にしては、珍しく小雨が降り続いている。

図書館に来館されているお客様も、いつもの7割くらいかな。少しのんびりしている。

事務室での休憩時間、昨日コピーした分類番号の一覧表に目を通していた。

「えーと、［37］はみんなの教育。［38］の民話は民俗学とかで、［39］は砂丘で国防・軍事かな……」

横で回覧の書類に目を通していた伊予さんから声がかかる。

「彩乃ちゃん、ひょっとして分類番号を語呂合わせで覚えているの」

「はい、医学・薬学が［49］というのは語呂が微妙です」

「……よく治る医学・薬学って覚えておこうね。それから昨日もいったとおり、調べものに必要なのは分類を覚えることではないよ」と、あっさりいわれてしまった。

「分類はあくまで決まりごと。もちろん知っておいて損はないけれど、決まりごとをどう活用するかの方が大事だね」

「分類の活用の仕方ってちょっと思い浮かばないのですが、どういう風に活用するのですか」

「そうだね、ならば彩乃ちゃん、火星の本を一冊持ってきてもらえる。蔵書検索とかはしないで、分類表のコピーもそこに置いといて、自分で図書館の書架から探してきて」

「火星ですね、わかりました」

そのくらいなら簡単そうだ。宇宙の書架を見ればいいんだろう。宇宙の書架はどこかなあ。理科の本だから自然科学の［4］のところ。

［4］で始まる自然科学の書架を順に見ていく。

数学、物理、化学……と並んでいて、その次の［44］が宇宙。たくさんの宇宙関係の本が並んでいて、より細かい分類に分けてある。

火星は太陽系の惑星だから、惑星の分類を見ればいいのかな。

棚の表示によると［445］が惑星の分類らしいので、そのあたりを見ていくと『火星の驚異』（平凡社新書）という本が目にとまった。本に貼ってあるラベルには［445・3］と書いてある。他にも火星の本が何冊か並んでいるし、木星［445・5］の本も隣にあるから、太陽系の惑星ごとに本を分類しているのが何となくわかる。私は『火星の驚異』を手にして戻った。

「伊予さん、火星の本を一冊持ってきました」

「はい。火星の本自体はどうでもいいのですが、彩乃ちゃんがどうやって火星の本までたどり着いたかを知りたいな」

私は火星の本を手に取るまでの経緯を、そのまま伊予さんに伝えた。伊予さんは聞き終わっていう。

「うん。それが分類を活用する基本形の一つ。

まず、彩乃ちゃんは自然科学のところに宇宙の本があるだろうと考えた。当たり前かもしれないけれど歴史とか産業のところではなく自然科学を選んだ。さらに自然科学の中で天文学の本を探した。物理とか生物ではなく天文学。それから天文学がいくつかの項目に分かれているらしいので、宇宙の起源とか星雲ではなく、太陽系の惑星でまとまっているところを探して、とうとう火星の本に至ったわけだ」

「そんなところです。それが分類を活用する基本形？」

「そうだよ。だんだんに絞っていった。彩乃ちゃんの足取りを分類番号に置き換えると、まず［4］（自然科学）、そして［44］（天文学、宇宙科学）、さらに［445］（惑星、衛星）から［445・3］（火星）と、だんだんに対象を絞りながら探したことになる。分類番号のケタも一つずつ増えている。知らず知らずのうちに分類を活かしていたんだ。

　これが図書館で調べものをする基本、絞る発想法。分類を活用する第一歩です」

「絞る発想法ですか。いわれれば目的の本に向かって分野を絞りながらたどり着いています、すごいですね」

　得意げになっている私を、伊予さんがたしなめるようにいう。

「残念だけど関心するほどのことではありません。今のケースは調べものというよりは探しもの程度のレベルかな。別に図書館に限った発想法でもないし。

　前にも例え話をしたけど、スーパーマーケットでカツオの刺身を買うとき、場所がわからなかったら、まず魚のコーナーにいき、刺身が並んでいるところを見つけて、カツオの刺身を手に取るのと同じこと」

「あ、いわれればごく普通の行為だ」と納得。カツオの刺身を買うのに分類とか発想なんかまったく考えていないけれど、お店とかモノが整理されて並んでいるところでは、無意識に絞る発想法で探しているのかもしれない。

「次は少しだけ難易度をあげてみよう。何でもいいから広島の路面電車の本を一冊、持ってきてください」

　よしっ、広島の路面電車だな。路面電車っていうからには鉄道とか交通か。どこを見ればいいのだろう。図書館の案内板で確認したところ、産業の中に交通という項目がある。

　産業は［6］、交通は［68］か……。そんな絞り方でいいのかな。

　交通の棚には飛行機とか船の本もあるが鉄道の本が一番多い感じだ。［686］というのが鉄道の分類番号らしい。これでまた一つ絞れたわけだ。さて、どうしようか。

［686］の棚には鉄道の本がたくさん並んでいたが、丹念に見ていくと、各地の鉄道とか、列車や駅や貨物などに分類されているようで、最後のところ、［686・9］という番号に路面電車の本が何冊か固まって置かれていた。

広島の路面電車の本がどれなのかはすぐわからなかったが『広電が走る街　今昔　ＬＲＴに脱皮する電車と町並みの定点対比』（ＪＴＢキャンブックス）という本が目にとまる。手に取ったら本のカバーに路面電車と原爆ドームの写真が出ているから、この本で間違いないだろう。

「伊予さん、少しややこしかったけど見つけてきました。今度はさっきより絞る発想をして見つけたという実感があります」

私の説明を聞いて、伊予さんがうなずいた。

「そのとおり、［６８６・９］は路面電車の分類番号。そこに広島の路面電車の本があったわけだ。分類番号の仕組みもわかりつつあるみたいだね。

さて、彩乃ちゃん。この本をよく見てごらん。本の書名にはどこにも、広島とも路面電車とも書いていないよ」

「あれ、本当にそうですね」

「広電って書いてあるのが広島電鉄の略なんだけど、彩乃ちゃんはそんなことたぶん知らない。副書名のＬＲＴというのも路面電車の今風ないい方なんだけど、それも彩乃ちゃんは知らなかったはず」

「知りませんでした。図書館の木崎さんから個人的に借りた『鉄子の旅』（小学館）というマンガにも広島の路面電車は出てきませんでしたし……」

「……ずいぶん個性的なものを借りているんだね。まあいいや。

ここでいいたいのは、書名に彩乃ちゃんが知っている言葉が書いていないのにもかかわらず、彩乃ちゃんが広島の路面電車の本までちゃんとたどり着けたということ。

こういう風に特定の書名とかがわからなくても、絞る発想法で本を探していくことができるわけだ」

「はああ、絞る発想法って簡単だしけっこう使えますね。いろいろと活用できそうな気がしてきました」

「では、今日の最後の課題です。この本のラベルは紙で覆って隠しておきました。本の置かれているのはどこなのかを考えて、所定の棚に戻してきてください。彩乃ちゃんがここだと思った場所が見つかったら、答え合わせで紙をはがしてラベルの番号を確認してください」

手渡されたのは『オウムガイの謎』（河出書房新社）という本。

「了解です。しっかり戻してきます」

オウムガイ……。貝なんだから動物のところだよね、たぶん。だとするとやっぱり自然科学のところ。

おなじみの自然科学の［4］にいって、動物［48］の書架の前に立つ。貝の分類はあるのかな、海の生き物でまとまっているのかなと棚をながめながら思案中。

昨日、例にあげて説明してもらったところなので、何となく［48］の分類の勝手はわかる。昆虫、魚、鳥、哺乳類みたいな感じで分けられているから、貝でまとまっている分類もどこかにあるのだと思う。

書架を端から流して見ていくと貝の本が並んでいるところを発見。［484］という分類番号になっている。［484］のところは貝だけでなく［484・6］にはウミウシ、［484・7］にはイカとかタコの本が並んでいるから、それより手前だろう。［484］でいいのかな。貝の本が何冊かあるし。

よし、私の予想は［484］、たぶんオウムガイもこの番号なんだと思う。

ちゃんと絞る発想をして、動物の中から貝を探して探しあてたぞ。

では、答え合わせにラベルを見てみよう。

ラベルを覆っていた紙を外すと、ラベルには［484・7］と書かれている。

「えっ、何で。［484・7］ってイカとかタコの本が並んでいるよ」

ラベルを覆っていた紙の裏に、伊予さんの字で何か書いてある。

――［484・7］は頭足類の分類です。オウムガイは学問上、貝よりもイカやタコに近い分類になるみたい。もっと詳しく知りたかったら、目の前に並んでいる本で調べてください。

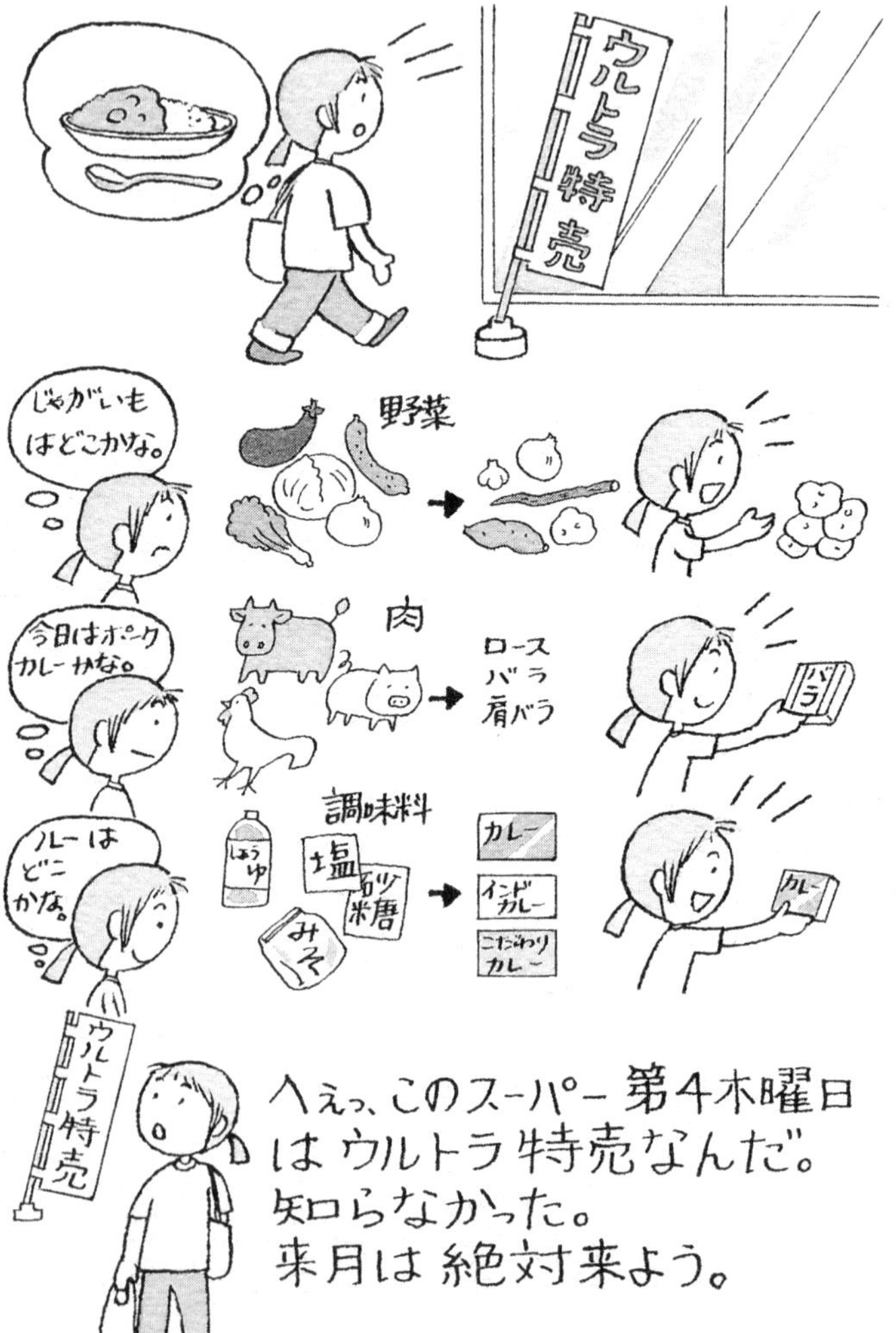
ウルトラ特売
じゃがいもはどこかな。
野菜
今日はポークカレーかな。
肉
ロース
バラ
肩バラ
バラ
ルーはどこかな。
調味料
しょうゆ
塩
砂糖
みそ
カレー
インドカレー
こだわりカレー
カレー
ウルトラ特売
へえっ、このスーパー第4木曜日はウルトラ特売なんだ。
知らなかった。
来月は絶対来よう。

広げる発想法が応用です

●７月23日（金）

昨日、絞る発想法を知って、調べごとの理解が一歩進んだ気がしたが、絞る発想法があるということは、その逆の広げる発想法があるのかもしれない。

仕事が一段落したときに伊予さんに聞いてみると「うん、あるよ。今日はそれについて説明したいと思っていた」といわれた。

「広げる発想法の方が図書館らしいかもしれないな。昨日の絞る発想法は近いものをまとめて配列するというだけ。図書館だけでなくお店でも何でもやっていることだよね。それに対して広げる発想法は一冊の本に複数の内容を含むという本の特色を活かすわけだし」

「ぜひ教えてください。また本を持ってきましょうか」

「じゃあ今日は火星の衛星の本を一冊だけ持ってきて。衛星って火星の月のこと。必ず一冊持ってくること」

「了解」と元気に火星の本の場所に向かった。

ん、待てよ、これって昨日と同じルートだから絞る発想法ではないのかな。

天文関係の書架で私は火星の衛星の本を探した。火星の本の横にでも並んでいるかと思ったが、なかなかそれらしい本は見つからない。月の本は固まって置いてあるけど、それは地球の月で火星の月ではない。惑星の衛星の本だけまとめられている場所はないか探してみたが、それらしい本も分類もない。

仕方がなく昨日と同じ『火星の驚異』を手にする。『火星の驚異』には「謎を秘めた火星の衛星」という章があった。他にも何冊か本をめくってたしかめたが、火星の衛星（フォボスとダイモスというらしい）は、私が見た限りでは『火星の驚異』に一番詳しく出ている気がする。必ず一冊持ってくるようにいわれていたので、私は『火星の驚異』を片手に伊予さんのところに戻った。

「伊予さん、すみません。私には火星の衛星の本は見つけられませんでした。何か一冊ということなので昨日と同じ『火星の驚異』を持ってきました。一応、この本に火星の衛星のことは出ています」

「うん、それでいいんだ。それが広げる発想法」

「えっ、昨日と同じような感じで、この本を探しました。絞る発想法ではないのですか」

「そうだねえ……」と伊予さんは考えをめぐらしている。

「火星の衛星は後回しにして例を変えます。

奈良に白毫寺《びゃくごうじ》というお寺があります。白毫寺の周辺は散歩していてとても気持ちがいいところなのだけど、それはおいといて……。さて、白毫寺について知りたいのですが、どうしたらよいのでしょうか」

「白毫寺の本を探します」

「そんなに大きなお寺ではないから白毫寺だけで一冊になっている本は、あかね市立図書館にはありません。では、どうしますか」

「うーん、奈良のお寺の本を見るかなあ」

「ピンポーン、正解です。これが広げる発想法」

「私、何もしていないですよ」

「彩乃ちゃんは今、奈良の白毫寺の本を探そうと思ってたけど、白毫寺だけの詳しい本がないとわかった。そこで奈良の寺がたくさん出ている本を見れば白毫寺も含まれているに違いないと考えて、奈良の寺の本を見ようと思ったわけだよね」

「だいたいそんな感じでしょうけど」

「それが広げる発想法。白毫寺というピンポイントのところから広げて、奈良の寺がまとまっているところに至ったわけだ」

火星の衛星を探しているとき、彩乃ちゃんは、火星の衛星だけの本がなさそうだと思ったから、火星の本をめくって衛星が出ているのを見つけた。火星の衛星から火星に広げた発想をして昨日と同じ本を手にした。本は同じでも昨日とはそこに至る考え方が違っているんだよ。

まだ、少し混乱しているみたいだね……」

伊予さんは手元にあるレファレンスの記録のメモをぱらぱらとめくっている。

「それではですね、舞茸がどんなところに生えているのか知りたいとします。どうしますか」

「舞茸の本を……、でも都合よく舞茸だけの本はどうせないのかな。ならばキノコの本を見ます。ふーん、そうか、こういうのが広げる感覚か」

「そうだよ。本は一冊の中にいろんな内容を含んでいることがあるからね。本の特性を活かした発想法」

「あれ、伊予さんの机の上に『きのこ』（山と溪谷社）という本が置いてありますよ」

「ちょうどさっき受けた別のレファレンスの回答に使っていたんだ。虫に生えるキノコの写真を見たいっていうレファレンスなんけど」

「あ、聞いたことあります」

「うん、冬虫夏草っていうんだ。あかね市立図書館にも冬虫夏草に関する本なら何冊かある。だから、まず冬虫夏草の本を直接探すよね。『冬虫夏草の謎』（どうぶつ社）という本が書架にあった。もちろん一冊まるごと冬虫夏草について出ていたけれど、残念ながら写真でなくて全部イラストで説明していたんだ。

そこで広げる発想法を使って、キノコの本でカラー図版が多い本を見ていったというわけなんだ。この『きのこ』という本のバッカクキン科の項目とかにたくさん出ているよ」

「わっ、この写真、何だか気持ち悪いですね。写真よりイラストにしたのはそのためかな……」

「というような感じで、広げる発想法は図書館での調べものに日常的に用いられます。

分類で考えることもできるよ。例えば、『きのこ』という本には［474・8］という分類がつけられている。［474・8］はキノコの分類。もしこの分類を広げて考えようとしたら1ケタ削って［474］という分類を見ればいい。［474］は藻類・菌類という分類。もちろんキノコも含まれる。さらに［474］を広げて考えたいときはどうする？」

「そうですね、［47］かなあ」

「あたり。［47］を表示しやすくするため0をつけて3ケタにするけど［470］は植物全体の分類。［470］の植物図鑑とかを見ても、冬虫夏草の写真は出ているかもしれない。キノコは厳密には植物ではないのだけれど、関連して載っていることもあるし」

「はあ、分類にはそんな使い方があるんですね」

「とにかく調査に詰まったら、調べている分類より大きな分類を探してみるというのは一つの手。当然、大きな分類には小さな分類も含まれているわけだから。

そうそう昨日、彩乃ちゃんはオウムガイの本を貝のところに持っていって、オウムガイがイカとかタコと一緒の仲間だということをはじめて知ったのかな」

「見ていたようにわかっていますね」

「実は僕も、去年までアルバイトしていたオウムガイ萌えの佐竹アカネさんから教えてもらって知ったんだ。

始めからオウムガイの本がイカやタコと一緒に並んでいるのを見れば、彩乃ちゃんもオウムガイってイカやタコの仲間なんだって何となく予想がつくかもしれない。

書架に並んでいる本の書名だけ見て内容の見当がつかなかったり、どんな体系の中に位置するのかわからなかったりしても、並んでいる場所や前後の分類から本の内容を予測することもできるわけだ」

「図書館全体が一つの分類表になっているみたいですね」

「面白いことをいうね、うん。そんなことを踏まえながら、僕らは書架を縦や横に移動しながら本を手に取りつつ、目的の情報を探しているんだ」

……なるほど、狭めたり広げたりする発想、それに分類をからめたり、こういうのが図書館流の調べ方なのか。

夜空に光輝いている１つに見える星の周りにも
太陽と同じように惑星が回っている。

遠い遠い宇宙から見たら火星の衛星も金星も
月や地球も太陽系や銀河系という大きな
くくりにまとめられてしまうのだろうな。

宇宙の果てにある星の図書館で地球のことを
知りたかったら、広げる発想で「銀河系」の
本を見ないと出ていないかもしれないね。

本の並び方にはクセがあります

7月27日（火）

勤務割りのローテーションの関係で金曜日以来の出勤。数日ぶりに伊予さんと顔を合わせたら、「これまで彩乃ちゃんに説明したことは分類とその活用の基本だったけど、教科書っぽい説明に飽きてしまった」だとか。今までだってあんまり教科書っぽくないけどね。

「私も望むところです」

「今日は実践的な切り口で話します。テーマは図書館の本の並び方。これまで説明した絞る発想は、書架を左から右に見ていく調べ方。広げる発想法は、書架を右から左に見ていく調べ方だって気がついた？」

「そういわれればそうか。本は左から右に順番に並んでいるし、だんだん細かい分類になっているし。

ふーん、左から右、右から左か」

「では、右から途中にあるものを飛び越えて、少し離れた左の方を調べていく方法について話します。

何を例にしようかな……。分類は細かくなるけど、彩乃ちゃんが理解しやすいと思うから地理を例にします。

まず［291］という番号が日本地理の分類。ガイドブックとか土地の本とか紀行とか。［291］の分類を詳しく見ていくと［291］が日本全体に関すること。以下、1ケタ加えて［291・1］は北海道、［291・2］が東北、［291・3］が関東、［291・4］が北陸、［291・5］が中部、［291・6］が近畿、［291・7］が中国、［291・8］が四国、［291・9］が九州・沖縄です。

各分類がさらに細かく分けられるのはご存知のとおり。［291・8］の四国を例にすると、［291・81］が徳島県、［291・82］が香川県、［291・83］が愛媛県、［291・84］が高知県です。ここまでよろしいですか」

「大丈夫です。復習ですね」

「すると、四国のところの書架は、四国全体・徳島県・香川県・愛媛県・高知県の順に並ぶことになります。そういう書架を頭にしっかり思い浮かべてください」

私は四国の本が県別で並んでいる書架を想像した。

「さて、今から彩乃ちゃんは愛媛県の散歩道について調べにいくとします。まず愛媛県の本が並んでいるところを見るよね。けれども探しているような事柄が出ている本はなかった。ならば四国全体の本にも何か出ているかもしれない。もし『四国の散歩道』という本があれば、愛媛県も含まれているかもしれないから見てみようと思ってください」

「広げる発想法ですね。愛媛県も四国の一つだから」

「そう。ただし書架では、四国全体の本は愛媛県の隣にはないんだよ。間に徳島県と香川県が入っている。この二つを飛び越えて、四国全体を見るっていうのが、実際にはなかなか出来ないことなんだ」

「たしかに、すぐ隣にないと探すのをあきらめてしまいそう」

「さらに愛媛県も四国も日本の一部だから、日本全体の分類にも含まれている可能性がある。

もし『西日本の散歩道』という本があれば、西日本という分類はないから日本全体の分類に置かれる可能性が高い。また『日本の散歩道シリーズ4巻 四国編』とかいう本だったら四国の分類に置いてもいいけど、『日本の散歩道シリーズ』で全巻まとめて並べて置きたいかもしれない。そうすると、やっぱり日本全体の分類になる。


ここで彩乃ちゃんはふたたび頭の中にある日本地理の書架をイメージしてください。愛媛県の本が並んでいるところから、日本全体の本が並んでいるところへ移るには、四国から近畿とか関東、東北、北海道の本をまたがないと、たどり着けないことになる。『京都でうたたねガイド』とか『東京最新スポット大情報』とかを飛び越える」

「途中で誘惑されて寄り道しそうだなあ……」

「小さな分類を飛び越えて大きな分類を探すという感じかな。分類の始めにその分野の総括的な置き場を作るのが図書館らしい本の並べ方なんだ。


本は書架の左から右、上から下に向って並んでいます。まず、その分野の大きな分類（日本）があって、次に中くらいの分類（地方）になって、それから小さい分類（都道府県）が順番にいくつか並ぶ。ようするに「大中小小小……中小小小……中小小小……大」の繰り返しかな、説明をするのにわかりやすそうだから地理を例にしたけど、他の分類でもだいたい似たような並べ方です。大きな分類がスポーツ、中くらいの分類が球技で、小さな分類がサッカーとか野球とかの各種目」

「へえ、こういうところはスーパーマーケットで商品が並んでいるのとは違って図書館独自の並べ方ですね。分類の一覧表では理解できても、書架で実際に並んでいる本を調べるときには見落としそう。説明してもらってよかった」

「もう一つ注意点。その分野全体に関する大きな分類の中も、内容で分けられていることが多いです。融通が効いた分類法のいいところなんだけど。

実際にどこかの書架で確認してみようか。そうだなあ、今まで何度か例にあげたから自然科学のところでいいや」

私と伊予さんは、自然科学の分類［400］の書架の前に足を運んだ。

「では［400］のところ、すなわち［400］［401］［402］……ですが、自然科学全体に関する本が並んでいます。ざっと見てわかるように「科学」や「理科」「理系」と書名につく本が多いです。

その隣からは［410］の数学の本が並んでいます。以下、物理、化学、宇宙、地球、生物……と［4］で始まる自然科学の各分野がずーっと続いています。これらを総括するのが自然科学全体の［400］という位置づけ」

伊予さんは一冊の本を引き出した。

「例えば『理系のための上手な発表術』（講談社）。おそらく理系の科学者や学生が、学会とかで発表をするときのノウハウを書いた本だと思う。こういうハウ・ツー本はわりあい需要があるんだけど。この本は理系の人を対象にしているから、数学を研究している人にも、天文学とか動物学を研究している人にも役に立つはずです。「動物学の学会で発表するのですが、うまく発表をするための手引書はありませんか」という問い合わせにも対応できるわけだ。動物の棚に『動物学者のための上手な発表術』という本があればいいけど、そんなぴったりの本はたぶんないだろうから、お客様にはこの本を案内することになる」

「動物学の棚ってここからけっこう離れていますね。その間に、数学とか宇宙とか植物なんかがある。それらを飛び越えてここまで来ないといけないってことか……」

「さっきは京都とか東京だったけど、今度は宇宙をひとまたぎしないと来られないわけだね、分類上だけど」

「『理系のための上手な発表術』のラベルにある［407］というのは、どんな意味の分類番号なんですか」

「最初の［4］は自然科学、［07］は研究法・指導法とか教育。［407］には科学の実験なんかも含まれるんだ。

豆知識だけど、分類の途中で［0］がついてから番号がつく場合、その分類に関するどういう本かが何となくわかる。もしこれが［410・7］だったら数学［41］の教育系の本、［420・7］だったら物理学［42］の教育系の本、だいたいどこでも共通で［720・7］だったら絵画［72］の教育系の本とか。知らなくてもいいけど、知っておいて損はないこと。そうそう、動物園なんかも動物学の全般にかかわる教育・研究的な側面があるので［480・7］（［480・76］）だよ」

私はバラエティー豊かな［40］で始まる書架を見ていた。ふと目についたところに『スキャンダルの科学史』（朝日選書）という本があった。

「この本は［402］……。自然科学の［02］ってことかな」

「この場合の［02］は歴史の意味だね。歴史とか伝記とか地理なんかは［02］がつくことが多いよ」

「歴史や地理の分類は［2］で始まるから、同じ数字で覚えやすいです」

「ご名答、分類を覚えやすくするために意図的にそうしているのです。

せっかくだから『スキャンダルの科学史』を見てみようか。日本の科学者に関するスキャンダルな話なんかをまとめた本みたいだ。例えば目次を見ると「理論物理教授恋愛失脚事件」ってある。もうわかっていると思うけど、この物理学者さんの恋愛失脚事件を知りたいときには、物理学の棚ばっかり見ていないで、少し大きな分類には何かないかな、いろいろな科学者の事件を集めたような本があるかもしれない、とイメージできれば、この本を手に取れる可能性が高まるわけだ」

うん、その感覚はわかってきたぞ。分類の始めに、その分野全体に関するいろいろな本がまとまって置かれている。だいたい理解できた。あとで自然科学以外の分類のところもよく見ておこう。

「伊予さん、『トンデモ科学の世界』（徳間書店）とか［404］という番号にはユニークな本が並んでいますね。［404］は何ですか」

「この本の場合の［04］は雑著。自然科学の雑著」

「雑著って投げやりな。そんなのあるんですか」

「ちゃんと分類表にも雑著と表記されています。その分野のどこに置いていいのか特定しにくい本は雑著にすることも多いよ。雑著のところは、けっこう調べものに役に立つんだ。調査に詰まったとき、自然科学の雑学系も見ておこうと思いついたら［404］の本をめくってみると、案外思わぬ情報が拾えたり、たまたまズバリの情報が出ていたりする。雑学系っていうのは僕の口癖だけど」

各分野の始めのところは、緩い感じに幅を持たせて何でも収納できるようになっているみたい。そういうのは図書館のよさかもね。

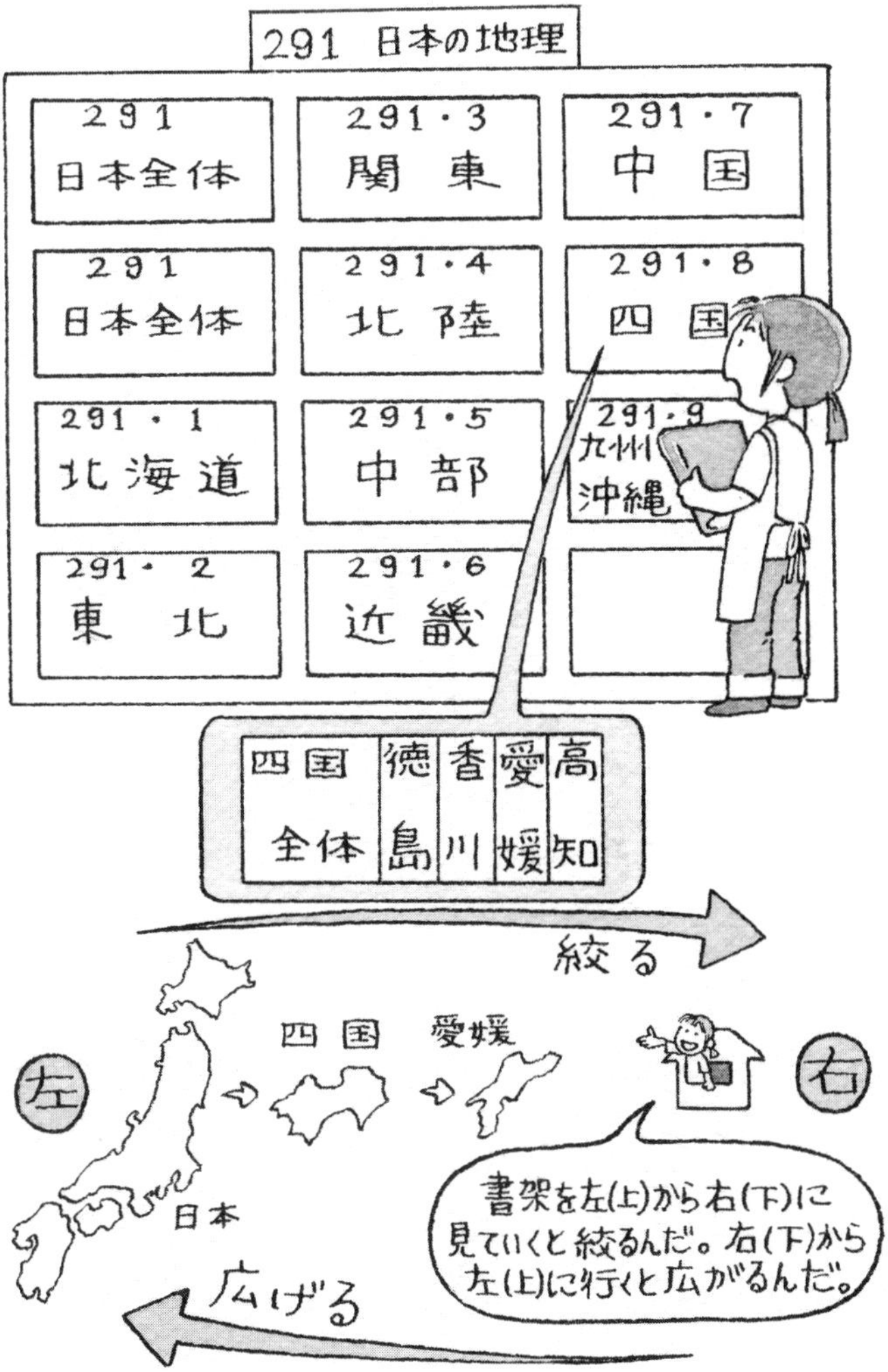
291 日本の地理
291
日本全体
291
日本全体
291・1
北海道
291・2
東北
291・3
関東
291・4
北陸
291・5
中部
291・6
近畿
291・7
中国
291・8
四国
291・9
九州
沖縄
四国
全体
徳島
香川
愛媛
高知
絞る
左
右
四国
愛媛
日本
書架を左(上)から右(下)に見ていくと絞るんだ。右(下)から左(上)に行くと広がるんだ。
広げる

視野の広さを心がけます

7月28日（水）

「昨日、家に帰ってから、ここ何回かで教わったことを整理したんですけど、本の並び方にもルールやクセがあるんですね。私、今まで図書館で本を探すときって、だらだらと書架を見ていただけでした」

「だらだら見るっていうのが基本だけどね。図書館用語ではブラウジングっていうけど。書架を見ながら気になった本を拾い読みしていくような意味」

「ブラウジングか。ぶらぶらって感じの言葉ですね。本のつまみ食いみたい」

「そのへんのあいまいさが図書館で本を探す楽しみだと思うな。思わぬ発見とかもあるし……。

今日はそういう話をしてみようか。分類表を見ればわかると思うけど、似たような項目とか関連する項目って、何となく近くに並ぶようにできているんだ。植物の隣が動物だったり、経済・財政・統計って並んでいたり」

私は持ち歩いているクリアファイルから、何度も見てへなへなになった分類表のコピーを取り出した。

「そうですね。美術のところだと、絵画・版画・写真っていう順番。絵画の中に書道があったり、版画の中に篆刻《てんこく》があったり、何となく関連がわかります」

伊予さんも分類表のコピーをのぞき込んで、

「それでは写真のところだけど、［742］写真器械・材料、［743］撮影技術、［744］現像・印画、［745］複写技術、［746］特殊写真、［747］写真の応用……とか並んでいるよね。どんな本が書架に並んでいるのかイメージできるかな」

「さあ、私、写真に詳しくないし」

「分類表の項目を見ただけではイメージがわかないよね。

では、夜の図書館周辺にたまに姿を見せる子ギツネがいるんだけど、その子ギツネを上手に撮影するにはどうしたらいいか調べるときには、どこで本を探す」

「子ギツネですか、図書館の近くに子ギツネなんて本当にいるのかな」

「僕や図書館の職員はまだ見ていないけれど、二カ月くらい前から近所の方が何度か見かけているんだって。子ギツネのコンちゃんっていうんだ」

「へえ、会いたいな。おっと写真の質問だった。写真の詳しいことはわからないから［74］の写真の棚で並んでいる本をたしかめながら探すかな」

「僕もそんなもんだと思う。［74］の棚にある本をぱらぱらめくりながら関連しそうな本を探していくんだろうな。動物の撮影テクニックとか、夜の撮影法とか、それにはどんな機器が必要なのかとか」

「分類番号を考えるより、実際に書架に並んでいる本を見ながら探した方が早そうですね」

「そうだね。もし調べていることに該当する本が見つかったら、似たような内容が出ている本は同じ分類や近くの分類にもあるかもしれないと思って、前後の棚も見たりするけれど。

この間、建築関係の学生さんから、結婚式場の平面図を集めた本が見たいっていう質問を受けた。建築関係の書架にいって結婚式場の本を探したけれど、なぜか見当たらない。書架に並んでいる本を見ながらふと気がついたんだけど、結婚式だけを専門に行う施設ってあんまりないよね。ホテルの広間だったり教会だったりレストランだったり。だからそのときは、そういった各種の建物の本を何冊かご案内したんだ」

「調べながら気がつくこともあるのか……」

「調べものって、きっちり何が知りたいって決まっていないこともけっこうあるよね。その分野の本をながめながら、どの程度までわかればいいのかを自分で確認したり、考えを整理したりしていくこと。今日の晩ご飯は何にしよう、とか料理の棚にある本を見ながら選んでいくのもその一つ」

「私の場合、そっちの方が多いかも」

「豚肉の生姜焼きが食べたいと思って家庭料理の本が並んでいるところを見ていたけど、ふと沖縄料理の本が目にとまって、今晩の夕食がゴーヤチャンプルになってしまうことだってあるかもしれない」

「きっかけはどこに転がっているかわかりませんからね」

「図書館はきっかけの宝庫だからね。大河ドラマを観て、漠然とその人物とかその時代なんかを知りたくなってこともあるよね。例えば武田信玄について知りたいと思ったとか。武田信玄の本を見つけることは簡単だけど、周りに並んでいる戦国時代の本も見て、戦国時代のいろんなことに興味がわいたり、その中から山梨県の史跡に関心を抱いたり」

「実際にあるでしょうね。そんなこと」

「その人は休日に山梨県の史跡めぐりをした。たまたま勝沼を散策していたらワイナリーがあって、おいしいワインとめぐりあって、今度はワインにも興味がわいたから図書館でワインの本を借りて、ワインの造詣《ぞうけい》が深くなったり」

「素敵ですね、そんな展開」

「だよね。きっかけが見つかりやすい空間になるように心がけていくのも僕らの仕事。本のディスプレーをしたり、小さな企画をしてみたり、工夫の積み重ねだけど。

お客様を書架にご案内するときは、本を紹介してから「関連する本がこの周りにもありますので、よかったらご覧ください」って決まり文句のようにいっているけれど、本当に見てくださっていたらうれしいな」

「これから私は意識して周りの本にも目を通すことにします。どんなきっかけがあるか楽しみになりました」

「視野を広めに。まずは大雑把なものでもいいし、少々ずれていたりしてもいいんだけど、調べたいことのとっかかりさえ見つかれば、そこを基点に周辺も見て、調べものを展開していくことができるから。

　そういうのは図書館の強みかもしれないね。インターネットの場合だと検索した結果だけがヒットするから、周囲が見渡せなくなる傾向はあるかも。情報の全体量も把握しにくいし。一概にはいえないけれど、感覚的に」

「わかる気がするな。寄り道があるかもしれないけれど、いろんな発見を楽しんだりするのも、実際に本が並んでいる図書館のいいところか」

「それから視野の広さを活かす応用だけど、仮に、あかね市の海岸で大規模な開発が計画されるとします。あかね海岸総合開発プロジェクト。空港ができたりコンビナートができたり工場や発電所ができたり、何でもいいけど」

「何か嫌だなあ」

「彩乃ちゃんが問題意識をもって、あかね海岸総合開発について図書館で調べてみたいと思った。で、あかね海岸総合開発に関する本を何冊か見つけた。ところがそういう本って片寄った内容になりがちなんだ。開発したら地域が豊かで便利になっていいことづくめですよって立場だったり、その一方、海岸にある松の木を一本引き抜くのも自然破壊でいけませんって立場だったり」

「どっちも極端ですね」

「ただ、そうした論調の本しか出版されないってことは多い。著者が賛成派か反対派の立場の人だったり、主張がはっきりしないと出版されなかったり。

図書館では本を購入するとき、公平な立場で賛否両論の本を選ぶように努力しているけど、そもそも本がなければ図書館で本を受け入れようがない。だから、その開発については両極端な本しか並ばなくなって、お客様は少し違うなあと思いながら本を借りたりしていくわけだ」

「冷静な視点できっちり分析して欲しいな」

「それをしたかったら彩乃ちゃん自身が見抜くしかないな。自分で研究しろとはいわないまでも、本がなければ中立的な立場で書かれた学術論文はないか、漁業で生活している人はどう考えているのか、あかね海岸の自然はそもそもどういう状況なのか、似たような成功例・失敗例はないか、本当に開発が必要な事情は何だろう、というような情報を探す。

あかね海岸総合開発というストレートな本のところだけ見て終わりにするのでなく、その周辺に並んでいる本や、他のところにも目を配る視野を養ってください。

視野を広げるについてはそんなところかな。ごめん、悪いけど今日は時間がなくて」


仕事のあと、木崎さんにご飯に誘われた。連れていってもらったのは駅前の路地にある台湾料理の居酒屋。伊予さんはライブだかイベントだかがあるといって、にこにこしながらさっさと帰ってしまった。

私はそんなにお酒が強くないので生ビール一杯くらいで十分だけど、木崎さんはお酒に強いので生ビールを三杯くらい空けている。

仕事後の一杯、とくに夏のビールがおいしいという感覚は、飲酒経験の浅い私でもわからないでもない。

木崎さんと私は空芯菜《くうしんさい》の炒め物をつまんで話を続ける。

私は今日、伊予さんから聞いたことを木崎さんに話した。

「伊予さんがいっている、書架をながめて本を探すっていうのは、つまりこういうことだね」

木崎さんは、お酒のメニューを広げた。

「私は次にサワーを飲みたいとします。でもそういう気分のときに、どうしても梅サワーが飲みたいとかレモンサワーが飲みたいって人は、あんまりいないと思うの。このお店にどんなサワーがあるのかよくわからないしね。だから、そういうときにはメニューのお酒の分類から、サワーの分類を探して、そこに並んでいるサワーをざーっと流して見て、何サワーを頼もうか決めるってこと。へえ、シークワァーサーサワーがあるのか。次はこれにしよう、なんて具合に」

木崎さんは本当にシークワァーサーサワーを頼んだ。私も一つ頼むことにした。明日休みだし、まあいいや。

家じゃつくれないわね…。
夏バテ防止にサイコー。
前菜
腸詰
砂肝の辛子和え
台湾風大根漬け
豆腐サラダ
揚物
大根もち
鶏肉のカレー揚げ
芋もちの揚げ物
野菜
干し大根の玉子焼
干しえびと白菜のうま煮
空芯菜炒め
もやし炒め
肉
レバーの台湾風炒め
揚げ豚野菜炒め
台湾風鶏の煮込み
海鮮
エビのピリ辛炒め
ホタテのクリーム煮
イカとアスパラの炒め
麺
台湾風ビーフン
焼ビーフン
ごはん・スープ
五目チャーハン
エビチャーハン
魚スープ
玉子スープ
思ったよりボリュームが!!
これおいしー。
ちょっとクセがあるかな。
家でできないかなア。
はずさない味ねー。
他は何たのむ？

7月30日（金）

お手軽な観点の見つけ方です

朝の書架整頓をしながら、なるべく前後の分野に目を通しているようにしている。近い分野の本が隣や周りに並んでいたり、分類番号の大小で本の内容が広くなったり狭くなったり……。

そんな様子を感じとってくれたのだろう。伊予さんが声をかけてくれた。

「一つの項目を絞ったり広げたりして展開する調べ方は覚えたみたいだね」

「これまで教わったことを確認しながらですが、仕組みは何となくわかりました」

「きっと役に立つと思うよ。図書館で調べものをする上での基本だから。さてそろそろ他の調べ方も覚えてみようか。

次のステップは複数の観点の見つけ方です。一カ所だけでなく、ここも調べて、あそこも調べて、という具合の調べ方。今までは一つの分類の中で絞ったり広げたりする説明だったけど、今度は系統の違う分類にもあたってみようという話」

「伊予さんがお客様から質問を受けたとき、よくそうしていますね。一カ所だけでなく、いくつかの場所をご案内したり、何カ所かから本を抱えてきたり」

少し図書館のプロっぽい調べ方のような気がするな。

「実際に調べものをするとき、一カ所を調べて済ますことも多いけど、調べるケースによっては複数の場所に目を配る必要があるんだ。

さっき、西洋の魔法の恋の薬について知りたいって質問されて、［387］の民間信仰の棚とかを探してそれなりに本は見つかったけど、結局、そのお客様の質問内容に一番ぴったりだったのは［499］の薬学の分類にあった『魔女の薬草箱』（山と溪谷社）という本だった」

「面白そうな本があるんですね。私も読んでみたいなあ」

「その本は貸し出しをしたので予約しておいてください。彩乃ちゃんには、恋の薬ではなくて、複数の観点の見つけ方を処方しましょう」

「うーん、微妙だな……。よろしくお願いします」

「いきなり極端な例ですが、レオナルド・ダ・ヴィンチの作品を知りたいっていわれたらどこを調べますか」

「モナ・リザを描いた人だから絵のところかな」

「そうだね、それだけ」

「彫刻なんかも作っていましたっけ。ダ・ヴィンチだったか記憶があいまいだけど。美術全体のところも見ておいた方がいいのかな」

「そうそう、それは広げる発想法だね。よくマスターしています。あと他にレオナルド・ダ・ヴィンチの作品でなんか知っている」

「飛行機みたいなものも考案していたとか」

「では芸術だけでなく飛行機関係の棚にも何かあるかもしれないよね。実際、道具や機械や土木とか、幅広くかかわっていたみたいだから、そうした諸々の分類も対象になるかな」

「いろいろあるんですね、ダ・ヴィンチの作品は」

「他にもダ・ヴィンチの伝記やイタリアの歴史の本を見ても、作品は出てくると思うよ。ちょっと試してみようか」

伊予さんはパソコンに「ダ・ヴィンチ」と入力して蔵書検索した。検索結果の一覧の画面にダ・ヴィンチ関係の本がたくさん並ぶ。その中には『音楽家レオナルド・ダ・ヴィンチ』（音楽之友社）という本や『建築家レオナルド・ダ・ヴィンチ』（中央公論社）、『レオナルド・ダ・ヴィンチの解剖図』（岩波書店）という本まで含まれていた。伊予さんによると、それぞれ音楽、建築、医学の書架にあるという。

「図書館中に散らばっているんですね、ダ・ヴィンチの本」

「レオナルド・ダ・ヴィンチは少し特異な例だったかもしれないけど、一人の人物が業種の違う会社の社長だったり、芸術家兼教育者だったり、よくあるよね」

「私も、図書館のアルバイトをして……」

「別に人物や仕事にばかりこだわることはないけれど。

ほらこの間、牛の本は動物の分類だけでなく畜産の分類にもあるって話したよね。牛に関する調べものだったら、質問の内容によっては、その二カ所を踏まえないといけないんだ」

「調べるところは一カ所とは限らない、のか」

「一カ所だけ調べて終わりにせず、常に頭の片隅で、他に調べるところはないのかという可能性を考えていて欲しいな」

「でもそれって、すごくいろんな知識がないと調べるところがわからないような気がするのですが。私、レオナルド・ダ・ヴィンチについては画家であることくらいの知識しかなかった。建築をしていたとかは知りませんでしたよ」

「大丈夫、そのためのコツはいくつかあるから。では、複数の観点の見つけ方、その一、百科事典を見る」

「……百科事典ですか」

「彩乃ちゃんがレオナルド・ダ・ヴィンチという人物に何の知識がなかったとしても、百科事典を見たらレオナルド・ダ・ヴィンチがどの分野で活躍したのかはだいたいわかる。あとはそこに書いてある分野を参考にして調べていけばいい。牛については動物と畜産の二カ所といったけど、もっとたくさん調べる候補が見つかるかもしれないね」

伊予さんは私に何でもいいから百科事典で「レオナルド・ダ・ヴィンチ」と「牛」の項目を引いてくるようにいった。私は『平凡社 大百科事典』の「レオナルド・ダ・ヴィンチ」と「牛」の項目が出ている巻を抱えて伊予さんの元に戻った。

「まず、レオナルド・ダ・ヴィンチから見てみよう。ほら、最初のところに「イタリア、ルネサンスの画家、彫刻家、建築家、科学者」って書いてある。ここだけでも4つの分野で活躍していたことがわかった。イタリアとかルネサンスって切り口があることもわかるしね。項目を詳しく読めば、ダ・ヴィンチの業績を網羅してあって、もっといろいろわかるだろうけど」

ちらっと目にとまった一文には「力学、光学、天文学、水力学、測地学やさまざまな機械装置の設計など」と書いてある。

「へえ、天才っていうだけあって、幅広く活躍した人なんですね……」

「牛の項目も見てみようか。牛のページは多いな。7ページにまたがっている」

「牛はすごいですね。7ページか、ダ・ヴィンチの三倍以上だ」

「牛と比べられるのはダ・ヴィンチとして本意でないと思うけど」

「牛の項目を全部読むのは目が疲れそうです」

「大変だから見出しだけでいいや。「利用」というところを見ると「牛乳、牛肉、蓄力、皮、厩肥《きゅうひ》」って書いてある。「動力源としての利用」って項目もあるよ、牛から動力源はなかなか思い浮かべられない観点だなあ。他にも、象徴としての牛、牛の図象表現、日本における利用と民俗、中国における伝承……だって」

「ここに出ている事項をヒントに、図書館の調べものに活かしていけばいいってことか。本の分類番号はわからないけど、皮のところを調べたり、動力のところを調べたりとか」

「そんな感じだね。百科事典を使ったお手軽な観点の見つけ方。別に百科事典でなくてもいいのだけれど、一般の人にも難しくないよう、特定の専門分野に片寄りなく、多角的に出ているという点では百科事典が有効かな。各分野の辞典なんかでもかまわないけど。

　図書館で調べものをする場合、知識や記憶力の有無はあまり問題にならないところもあるんだ。図書館自体が知識の固まりだから、図書館からうまく知識を引き出せばいい。むしろ偏見なく物事を見られるメリットがあるかもね」

「それは私にとって、とっても自信になる言葉です」

「自分自身への言葉でもありました。では、今日はここまで。これからしばらくは観点の見つけ方を話していきます」

負けた…。
気にしないで。牛は絵描けないし…。

連想ゲームで観点を増やします

●7月31日（土）

伊予さんはパソコンでメールチェックをするのが毎朝の日課のようだ。メールでレファレンスを受ける担当でもあるらしい。

「今日は少ないな、一件か。急ぎではないと……」

「いつもメールで何件くらいレファレンスが来るのですか」

「うーん、日によってぜんぜん違うから。やけに同じ内容の質問が多いなと思ったら学校の宿題だったってケースもなくはないし。学校の宿題には、ヒントとか手がかりくらいで答えそのものは回答しないのが原則なんだけれど……。

さて、今日メールで届いていたレファレンスは、児童文学作家の椋鳩十《むくはとじゅう》のペンネームの由来は何か、という質問なんだ。インターネットでも拾えそうな情報だけど。彩乃ちゃんだったら、この図書館でどう調べる」

「動物が出てくる小説なんかを書いた作家さんでしたっけ。椋鳩十の本があれば、その本を見てみるかなあ」

「そうだよね、椋鳩十の書いた小説は何冊か所蔵しているから、本の巻末の解説を読めば説明が出ているかもしれない。たしか椋鳩十の伝記なんかもあったと思う」

「簡単に調べられそうですね」

「まあね。でも、もう一つ簡単な方法があるよ。わかる?」

「えっ、……何かあるのかなあ」

「ペンネームから調べるという方法。ペンネームの由来だけまとめた辞典があるんだ。椋鳩十ならある程度有名な作家さんだから収録されていると思うよ」

席をたった伊予さんは3分くらいで『聞き書き・椋鳩十のすべて』(明治図書出版)と『椋鳩十の世界』(理論社)、それから『ペンネームの由来辞典』(東京堂出版)の3冊を抱えて戻ってきた。

「……だいたい似たような内容かな。木地屋の総本家の小椋《おぐら》家から「椋」という字をとって、椋の木には鳩が十羽くらいとまれそうだから「鳩十」としたそうだ。以上で調査は終了。メールで返答しておこう。

ということで、椋鳩十から調べる方法と、ペンネームから調べる方法がありました。昨日説明したように複数の観点が使えるケースでした」

「一カ所の調査だけとは限らないのか」

「今の質問だったら、椋鳩十からの調査またはペンネームから調査のどちらか一方だけ調べて、回答が見つかったら終わりにしても問題はないよ。ただし一方だけではうまく調べがつかなかったり、違ったことを書いていたりすることもあるから、複数の観点を押さえておいて損はないんだ」

「私だったら椋鳩十からの調査しか思い浮かばなかった。やっぱり昨日教わったみたいに辞典を引かないとダメですね」

「ちょっと待って、彩乃ちゃん。そもそも椋鳩十のペンネームの由来は何かっていう質問なんだよ。質問自体にペンネームっていう観点がちゃんと含まれている」

「あ、本当だ」

「質問ってたいていの場合は「AのBを知りたい」という感じで来るんだ。今の例みたいに椋鳩十のペンネームとか。だからそのAとBを観点にしてしまって調査に使えることも多いよ」

「なるほど、質問自体からも観点が見つかるんだ」

「この机の上に鉛筆があるよね。鉛筆について知りたいっていう質問があるかもしれない。でも、そんな漠然とした投げやりな質問はあんまりないから実際に知りたいのは、鉛筆の削り方とか、鉛筆の生産量とか、鉛筆の濃さとか、鉛筆の歴史とか、「AのB」っていうかたちになる。Aは鉛筆という観点、Bは削り方であり生産量であり濃さであり歴史という感じかな。あとはその観点を本にあてはめて調べていけばいい」

「鉛筆からの観点は、たぶん図書館に鉛筆の本があるからそこを調べます。でも、もう一つの観点から調べていくのは難しそうだな……削り方とか」

「そうかもしれないけれど可能性は捨てない方がいいよ。例えば削り方という本はなくても、ナイフの使い方という本ならあるかもしれない。そこに鉛筆の削り方は出ているかも」

「生産量は」

「何かの統計書を見れば出ている可能性がある」

「濃さは」

「美術のデッサンの本とかに出ていると思う。彩乃ちゃん、歴史は」

「モノの歴史の本とかかなあ」

「そんな感じで観点は二つに増えました、というわけ」

なるほどね、質問自体から観点を引き出して、観点を本に結びつけるわけか。

「では次のステップに移ります。前にイメージをする説明をしたときに、納豆のかきまぜ方を例にしたのを覚えているかな。僕がいくつか納豆の出ていそうな本をあげていったの」

「覚えています。よくぽんぽんとイメージできるなって、びっくりしました」

「あれは簡単なんだ。適当に思いついたことを観点にして、本にあてはめていっただけ。もちろん昨日みたいに辞典なんかを参考にするやり方もあるんだけど、自分でイメージできることも多いし、辞典には出ていない観点もあるから」

「いちいち調べもののたびに辞典を引くのは大変そうだなって、何となく思いました」

「頭の中でできるんだったら、その方が楽だし早いもんね。さっそく彩乃ちゃんもチャレンジしてみようか。彩乃ちゃん、昨日の夜は何を食べた」

「そば」

「あっさり目の夕食だね。そばでいいや。今、彩乃ちゃんは、そばに関する調べものをしていて調査が行き詰まったという状況です。それでは、本に置き換えるのは僕がやるから、そばで思いついたことをそのまま口にしてください。コツは、そばといえば……って自分に問いかけること。ようするに連想ゲームだけど。ではスタート」

「うーんと。そばといえば……沖縄」

「……えっ、沖縄って、沖縄そばのこと。たしかにやさしい味でお腹にたまるところが僕も好きだけど。一般的には信州とかいうけどね、まあいいや。まずは沖縄とか信州とか、そばが有名な土地の本。続けてどうぞ」

「そばといえば、池波正太郎」

「……今度はしぶいね。池波正太郎なんて読むんだ。『鬼平犯科帳《おにへいはんかちょう》』とか時代小説の作家さんね。よく作品にそばが出てくるし、食通な作家さんだから食べもののエッセイなんかも多いよね。本に結びつけると、池波正太郎に限らず食通の人が書いた食べもの関係のエッセイの本とか、少し膨らませて江戸の食べものに関する本とか、老舗《しにせ》のそば屋のガイドブックとかかな。では次」

「そばといえば、えーと、大晦日《おおみそか》」

「大晦日の年越しそば。年中行事や季節の本の類いにも出ているかなって発想できるよね。では、ラスト一つ」

「そばといえば、そばの花。昔、福島県でそばの畑を見たけど白い花がきれいだったな」

「そばの花か。それだったら生産に関係しているということで農業関係の本とか植物関係の本かな。ひょっとしたら花の見どころガイドの類いにも出ているかもね。

という具合に、僕が納豆でやったのと同じことを、彩乃ちゃんもちゃんと発想できたわけだ。彩乃ちゃんはかなりユニークな視点が多かったけど。……なんか腹減ったな、今日の昼はキツネそばにしよう」

「私もそばは、タヌキよりキツネ派です。あ、知っていますか、地域によって具に違いがあるそうですよ」

「そういうのも一つの観点になります」

実は私、そば類が大好きなのです。
伊予さんから「そば」について聞かれた時、
いっぱい浮かんで 何を言えばいいか
迷っていたのでした。

そば…　まだまだいっぱいあるな…。

そば打ち　たぬき　きつね
そば湯　天ぷら　月見　ざる
そばがき　そば粉
やきそば　とろろ　山菜
そばちょこ　中華そば
引っ越し　そばめし　時そば
かりんとう　そばがら
そば茶　まくら　やぶそば　更科
二八　十割　そばつゆ
立ち喰い　かけ　もり
にしん　かもなんばん
etc…

でもどうやって本に結びつけたら
いいかは よくわからないや。

図書館の事情もあります

8月1日（日）

今日から8月、新たな気持ちでがんばろうと思ったら、伊予さんが煮えきらない表情をして声をかけてきた。

「彩乃ちゃんには司書資格の講習みたいな話をするつもりはなかった。しかし、今まで説明してきたことを振り返ると、図書館の事情を知っておいた方が調べものの要点をつかみやすくなるかと考えたんだけど……よろしいでしょうか」

「私は別に気になりませんけど……。むしろ楽しみなくらいです」

「自分としてはとてつもなく不本意なのです。なるべく手短かにいきましょう。

おととい レオナルド・ダ・ヴィンチが多方面で活躍した人だという例を取りあげたよね。その関連でそこの机の上に『モナ・リザと数学』（化学同人）という本が置いてあります。「ダ・ヴィンチの芸術と科学」というサブタイトルもついている。この本に分類番号をつけてください……といいたいところですが、もっとシンプルにしよう。この本を図書館に置くとしたら、科学の棚にしますか、それとも芸術の棚にしますか。制限時間3分で決めてください」

私は、表紙のカバーにモナ・リザが微笑んでいる『モナ・リザと数学』を手に取った。本のラベルはテープで隠されている。

　ぱらぱらとめくると、ページの合間の数式や図形が目に飛び込んできた。真ん中くらいには、たぶんダ・ヴィンチの絵画がカラーで何ページか掲載されている。それからダ・ヴィンチの作品のことが書かれていたり、コペルニクスとかアインシュタインとか書いてあったり、私が読むのには難しすぎるような、と困っていると伊予さんから「3分です」と促された。

「さあ、どうしますか、彩乃ちゃん」

「困ったな。よく本の内容が理解できません」

「じっくり読めばわかると思うけど、本の置き場所を決めるのに一冊を熟読するわけにはいかないからね。彩乃ちゃんが本をめくりながら感じた内容でいいよ」

「ダ・ヴィンチの絵は図形とかをベースに描かれていて数学的に整っているとか、他にも科学のことか、いろいろ書いてあったようです」

「とりあえずそんな理解で十分。で、どっちに置く。科学か、それとも芸術か」

「うーん、科学」

「どうしてそう思ったのかな」

「芸術よりも科学の内容の方が多いと思ったから」

　伊予さんが本のラベルを覆っていたテープをはがすと［402・3］と書いてあった。

「この分類番号の意味はヨーロッパの科学史という意味。科学の方でした」

「では、正解なんですね」

「科学でも芸術でもどちらでも正解。確認したら業者が作った本のデータでは［702・3］いてもいいのだけれど、あかね市立図書館では科学の書架に置いたんだ。科学の棚に置いた方が関連（［702・37］）って、ヨーロッパ（イタリア）の芸術史にしていた。それに従って芸術の書架に置した利用が見込めそうだとか、お客様にとって有効なのはどちらかとか考えて。

あかね市立図書館ではそんな風に判断したんだけれど、図書館によっては科学の棚に置かれることも芸術の棚に置かれることもあるし、別の棚かもしれない。その図書館なりの事情があるわけで、どれが正解っていうことではありません」

「ふうん。けっこう悩む作業ですね」

「以上によって『モナ・リザと数学』はあかね市立図書館の科学の棚に置かれました。そして、あるお客様がダ・ヴィンチの絵が幾何学的にどう描かれているのかについて調べに来ました。お客様は絵のことだから芸術の書架だけを丹念に調べて帰りました。科学の棚に置かれた『モナ・リザと数学』は、お客様の知りたいことにぴったりだったかもしれませんが、とうとう手に取られなかった」

「科学の棚も見ればよかったのに……」

「だけど、その発想が通常なかなか出ないんだ。科学の本のところにダ・ヴィンチの絵画の本があるって発想できるかどうか。内容が複数に及んでいても、どこかに本を置かなくてはいけない。置き場は一カ所だけ。難しい選択だよね」

「まさか本を破って二つに分けて置くわけにはいかないですしね」

「ではもう一つ。仮に『ダ・ヴィンチの絵画と彫刻』という本があるとします。この本の置き場を決めるとき、本の中身を見て絵画［72］と彫刻［71］の内容が半分ずつくらいだったら、両方が含まれる大きな分類の芸術［70］の分類番号がつけられるかもしれない。それだったら以前教えた広げる発想法で彩乃ちゃんも見つけられるかもしれないよね」

「はい。より大きな分類も見るように心がけています」

「ところが『ダ・ヴィンチの絵画と彫刻』の中身を確認したところ、全体の内容のうち絵画が9割で彫刻が1割くらいだったとします。それだと図書館では絵画のところに本を置く可能性が高くなると思う。結局『ダ・ヴィンチの絵画と彫刻』は絵画の棚に置かれたとします。


さて実は、『ダ・ヴィンチの絵画と彫刻』に出ている数ページの彫刻の情報が、ダ・ヴィンチの彫刻を調べている人に非常に役に立つものだったとする。ある日、ダ・ヴィンチの彫刻を調べようとした人が図書館にいらして、彫刻の棚で調べものをしていても……」

「今の本は絵画の棚にあるから見つからない、のか……」

「そういうことだね。もちろんまったく解決策がないわけではないよ。そのために蔵書検索のコンピュータがある。言葉で検索できればわけないし、うまくいかなくても分類番号から検索できる。一冊の本には一つしかラベルを貼れないけれど、コンピュータの一冊のデータにはたくさん分類番号を入れられるから、『ダ・ヴィンチの絵画と彫刻』のデータにも絵画と彫刻の二つかもっとたくさんの分類番号を入れられる。しかし現実問題として、われわれ図書館員はともかくお客様が分類番号をキーワードに検索するケースはあまりないような」

「分類番号ってなじみがないですからね」

「今までは本の内容がいくつかの分類にまたがっていて、本の置き場所を決めるのに迷うという話だったけど、分類表に似たような分類があるから本の置き場所に迷うケースもあるんだ。

仮に『百貨店の経営学』という本があったとします。商業の中の百貨店の分類番号は［６７３・８］だけど、経営をメインに考えると経済学の中の商業経営［３３６・７］になるかな、どっちか困るよね。

コンピュータの［００７］（情報科学）と［５４７］（通信工学、電気通信）［５４８］（情報工学）とかも代表的な迷う例。大雑把にいうと、前者はソフト、後者はハードみたいな感じだけど、インターネット関係は［５４７］だとか、かなり入り交じっている」

「ふうん、ややこしいな」

「というあたりが図書館の事情でした。彩乃ちゃんに知っておいてもらいたいのは、そういう風にして分類番号が決められて、ラベルが貼られて、本の置き場所が決められていくということ」

「なるほど、図書館の事情か……聞いておいてよかったです。なぜ、複数の分類を調べた方がいいのかとか、あらためてよくわかりました」

私は昼食を本宮さんと一緒に食べることが多い。今日は図書館の近所のまんぷく亭に来た。

「図書館の人たちって、本の置き場所を決めたりしなくてはならないから、大変ですね」と、さっき伊予さんから説明されたことを本宮さんに要約して話した。

「別に大変というほどではないけど悩むことは多いな。私はあんまり昔のことは知らないけれど、最近の図書館は業者から本のデータを購入しているんだ。そのデータをMARCっていうんだけど、MARCに分類番号も含まれているから、一冊一冊考えて分類番号を決めているわけではないよ。ただ、この分類だとうちの図書館の本の並びとは合わないから別の分類にしようとか、MARCのとおりに5ケタの分類だと詳しすぎるから4ケタの分類にしようとか、あかね市立図書館風にアレンジしているけどね。

ところで彩乃ちゃん、本屋さんと図書館が違うってことは気がついている」

「本屋さんとの違いっていうと並べ方のことですか。本屋さんには分類番号がないですよね」

「ううん、そうじゃなくて……。例えば、サッカーの監督が選手の指導について書いた本があるとするでしょ。当然、本屋さんではサッカーのコーナーに本を置くよね。ところが、その本が会社で部下を指導するときにも役に立つとか話題になったら、本屋さんはビジネスのコーナーにも同じ本を置くことができるの」

「そうか、図書館と違って本屋さんは同じ本が二冊あってもいいいんだ」

「図書館では、原則として本は一冊だけ。サッカーのコーナーに置くかビジネスのコーナーに置くか、どちらかしか選べない。そういうのも図書館に特有の事情だよね」

「スーパーでも、秋刀魚《さんま》の隣にカットした大根を置いてくれていたり、お刺身の横にワサビを置いていてくれたりしますね。売り場にとらわれず便利なところに。でも、図書館では難しいのか」

「そうねえ、離れた分類番号を合わせて一つのコーナーを作ったり、「ここの分類番号も見てください」みたいな表示を出したりすることはあるけど、きめ細かくは難しいね。将来はともかく、今のところは分類番号による本の配置が原則だから……。

ふーん、伊予さんがいっていたけど、本当に彩乃ちゃんは食べものに置き換えて考えるのが好きなんだね」

……それを始めたのは伊予さんだったような気もするのだが。

図書館の事情（用語編）

「出 納」　書庫の本を取りに行くこと
「ブックトラック」　本を乗せる台車
「ブッカー」　本にかけてある透明フィルム
「配 架」　本を所定の場所に置くこと
「OPAC」　コンピュータでの蔵書検索
「選 定」　どの本を買うか選ぶこと
「図」　図書館の略字

では応用
「ブッカーをかけてある選定した本を
ブックトラックで配架して。」

最初はさっぱり
分からなかった。

あまり耳にしない言葉があるね。分類とか
レファレンスもそうだけど。

田中さんから生々しい図の裏事情も
聞いたけど書くのは控えます。

森羅万象《しんらばんしょう》ぐるっと一回りします

8月3日（火）

児童コーナーを担当している富士のぶえさんは、よく職場にお菓子を差し入れてくれるが、今日はカップのかき氷を買ってきてくれた。

私は氷いちごのかき氷をいただいた。そういえば昔、海辺の喫茶店でかき氷を頼んだとき、暑さで朦朧《もうろう》としていた友達が「あずきレモン」などと注文して笑われていたことがあったっけ。

富士さんに薦められて高級な抹茶のかき氷を食べていた伊予さんは、カップの蓋に描かれた「氷」の文字に目をとめて、

「かき氷の旗ってあるよね。ちょうど今頃、あちこちの店にかかっている旗。赤い色で「氷」って一文字が書いてあって、下に波が描いてある旗。わかる?」

「はい、夏の風物詩ですよね」

「そのいわゆる氷旗がいつ頃から、どういう由来で用いられるようになったか、という質問を受けたことがあるんだ」

伊予さんは、机の脇のキャビネットを開けてファイルを出した。このキャビネットには特徴のある

レファレンス事例のメモや記録が入れてあるんだって。もちろん質問者さんの個人情報なんかは完全に削除されているけど。

「氷の普及が明治時代であることはすぐにわかったから、『図説 明治事物起源事典』(柏書房)を見たところ、「氷水」の項目にいくつか図版が掲載されていた。明治時代にはすでに現在の氷旗に近いものがあったようだ。

『氷の文化史』(冷凍食品新聞社)というぴったりな感じの本もあった。表紙のカバーに戦前のものらしい氷旗まで載せてある。期待して中を開いたら氷の歴史についてはとても詳しいんだけれど、氷旗についての記載は見つけられなかった、残念。

『自遊人』(2003年9月号)という雑誌には「夏の風物詩、氷簾に見る天然氷の歴史」という4ページにわたる文章があることもわかった。所蔵している図書館に調べてもらったところ、著者の中島満さんが調べた範囲での氷旗の初見などが書かれていた。明治初期、中川嘉兵衛が販売してヒットした天然氷の旗に、龍が舞う図柄(龍紋)がデザインされていて「今に伝わる〝氷字の下に水流模様〟の原型になったとみられる」としている。

もうすこし何かないか調べたけれど見当たらず、結局、その文献を取り寄せてお客様に回答したんだ」

私がレファレンスのメモやコピーに目を通していると、伊予さんはそのときの調査を回想しながら、

「たくさん調べたなあ。氷の本はもちろん、冷たいところで冷凍業関係、氷菓子・冷菓の本とか。視

点を変えて、看板やのれん・広告の本も当然候補だし。お店や屋台の本とか。時代が明治初期くらいに特定できそうだったから、事物起源の本とか時代考証の本とか。当時の雑学・風俗の本とか。意匠の本にも目を通したんだっけ。江戸時代の水屋からの可能性も考えたし……」

「すみません、伊予さん、いつも思うんですけれど……。これまで伊予さんから観点の増やし方を習ってきましたけど、なかなかその境地には達せそうもありません」

「うーん、習熟も必要になってくると思うし、コツもいろいろあるんだけどね。そうだなあ、彩乃ちゃんがせっかく分類になじんできたみたいだから、今日は分類表を使った方法を説明しようか。分類表の［0］から［9］までぐるっと一回りしてみるんだ」

「ぐるっと一回りですか」

「まず分類の大原則から確認します。分類は調べものをするときにも便利だけど、そもそもは図書館に本を並べるためにできたものだと思う。どんな内容の本でも図書館に置き場がなくては困るから必ず置き場を作らなくてはいけない。極端ないい方をすれば森羅万象あらゆることが分類表に収まる。この本の内容は分類のどこにもあてはまらないから、あかね市立図書館には並べられませんってことがないように、絶対どこかに分類できるようになっています。

では質問コーナー。図書館でこんな本はどこにも置けないだろうって本を思いついたら、いってください」

そういわれて図書館のどこにも置けそうもない奇抜な本を考えてみたが、うーん、どこかには置けそうな気がする。

なるべく変なものをと思い「宇宙人の本は……」といってみたら、「科学的な内容なら［4］の宇宙とか生物のところだろうけど、オカルト的な内容なら［1］の超心理学、内容によっては［9］の小説とかかも」と即答されてしまった。

「超常現象的なものを心理学の片隅に含めてしまうとか、多少強引な場合もあるけど、とにかくどんな本でも図書館のどこかに収められるようにできているのが分類法。すべての本に必ず分類番号がつけられる。言い換えると、図書館の本は［0］から［9］までの番号から始まるということ」

「そうなりますねえ」

「だから、［0］から［9］までの分類番号には、あらゆることが詰まっているわけだ。［0］から［9］までを一回りすれば、森羅万象を見渡せたことになるはず。かなり大風呂敷だけど」

「はああ、ダイナミックな考え方ですね」

「もし調べものをしていて、調べるところがわからなかったり行き詰まったりしたら、どこを調べようかなと［0］から［9］までぐるっと一回り。

［0］の棚には何かないかな、［1］の棚には何かないかな、［2］の棚には何かないかな、そういえば［2］の明治時代の歴史の棚も調べる候補になるな、［3］だったら民俗学の棚に何か本がありそうだな……とか。

頭の中で分類表をぐるぐるさせていることもあれば、実際に図書館の書架やコーナーを思い浮かべていることもあるけど」

伊予さんはキャビネットをごそごそして別のファイルを取り出した。

「そうそう、こんな例もあった。蹴鞠《けまり》をするときには桜・柳・楓《かえで》・松の木を四方に配置したそうなんだけど、どんな意味があるのかという質問。蹴鞠というのは昔の貴族が鞠を蹴る競技のこと。

では、ぐるっと一回りしてみます。［0］（総記）は百科事典。［1］（哲学）は思想的なもの。［2］（歴史、地理）は日本史、おまけに蹴鞠だから京都や奈良のところ。［3］（社会科学）は民俗学。［4］（自然科学）は植物。［5］（技術）は思いつかない、鞠の作成とか、まさかね。［6］（産業）も思いつかないけど適当に園芸か林業。［7］（芸術）はスポーツのところ、たぶん違うけど華道も。［8］（言語）は国語辞典とか古語辞典。［9］（文学）は古典なんかを探せばあるか。という具合。

もっともこれは分類表がある程度、頭に入っているからできることなのかもしれない。分類に慣れていなかったら、分類の一覧表をめくりながら考えてもいいし、図書館の配置図を見ながら考えてもいいと思う」

私は、すでによれよれになった分類表のコピーを取り出して、伊予さんがいっていた蹴鞠が出ていそうな分類を確認してみた。

「こんな話を聞いたことないかな。朝、家を出るときに今日のラッキーカラーを決めておくと、通勤の途中にその色のものがいつもより目に入る。例えば赤だったら、ポストとか、沖縄産ドラゴンフルーツとか、献血ルームのキャラクターの「けんけつちゃん」とか。普段、気にならなかったものが目について、思わぬアイデアにつながって、仕事に活かせるというトレーニング方法。カラーバス効果っていうんだけど。

それと同じように頭の片隅で調べている事柄を気にとめておくと、図書館の書架を歩いているときとか、図書館の中でなくてもいいんだけど、ぜんぜん関係ないきっかけとかで、ひょっとしたらこういう方面からも調べられるかもしれないって頭をよぎるときもあるよ」

そうか、伊予さんは調べる視野が広いし観点が豊富だなと思っていたけれど、こういう図書館の見渡し方があったわけだ。森羅万象を一回り、大胆な表現だけどそのとおりなのかもしれない。

そして同時に図書館には森羅万象の本がある。森羅万象が本というかたちで詰まっている図書館もすごい空間だなと、あらためて感じ入ってしまった。私も早く森羅万象を自由に行き来できるようになりたいな。

伊予さんが続けていう。

「昔、調べものを依頼してきた大学の先生と話していたとき、あちこちから集めた本を積み上げたら、図書館の皆さんは視野が広いとかいわれた。その方がいうには、学者や研究者は自分の専門分野からなかなか抜けられないんだって。たしかに図書館員はこだわりなく、広く浅くあらゆるジャンルを見渡せる立場ではあるよね」

久しぶりに図書館の天井を見上げた。この天井の下に森羅万象が詰まっているのか。そして窓の向こうの空の下には、本当の森羅万象が詰まっているんだ。今頃、私の知り合いは何をしているのかな、でも同じ空の下だね……。

「彩乃ちゃん、感慨深い顔をしていますよ」

富士さんが笑って声をかけてくれた。

「かき氷、ありがとうございました。おいしかったです。今年の夏に食べたのは初めてでした」

「いえいえ、今日は暑いから私も食べたい気分だったし。やっぱりかき氷は夏の風物詩ですものね。ところで窓辺で何を考えていたのですか」

「森羅万象の……」

「あ、神羅万象チョコ、はやっているみたいですね。この間も児童コーナーに来た子どもたちがおまけのカードの話をしていましたよ」

……何のことやらさっぱりわからない。

仮にその神羅万象チョコのおまけのカード集が出版されたとしても、図書館のどこかにしっかり置き場は生まれるのだろう。

あかね海岸花火大会
ビールを抱えて図書館のみんなで見に行きました。

小さな花火大会だけど近くで見るからけっこう迫力ある。

「伊予さん、今日の分類の方法を使って花火を探すとどこですか…。」

「めんどくさいなぁ。」
[0]百科辞典、その他
[1]宗教と花火？
[2]歴史の中の花火、花火で有名な土地
[3]花火の法律とか民俗学 [4]化学
[5]花火の製造、火薬
[6]花火産業
[7]芸術
[8]花火の言葉
[9]文学の中の花火
「彩乃ちゃん聞いてるの…。」

歴史と民俗学は幅広く使えます

8月4日（水）

「昨日の森羅万象一回りの話はとても面白かったのですが、なかなか自分で複数の観点を見つけていくのは大変です。慣れないからかなあ……」

「今日はスペシャルな日なので、伊予流の秘伝、お手軽で簡単な観点の増やし方を伝授いたしましょう」

「わっ、うれしいな。今日は私にとって本当にスペシャルな日みたい。今朝のテレビの占いも1位だったし。ぜひ、秘伝を伝授してください」

「え、スペシャルってそういう意味ではなく……、まあいいけど。それでは秘伝に入ります。

調査に困ったときは、［2］（歴史）と［38］（風俗習慣・民俗学・民族学）の書架が役に立ちます」

「おお、今日の話はこれまでとは違ってずいぶんと具体的ですね。しかし、なぜ歴史と民俗学なのですか」

「それは、包括的なジャンルだから。

まず歴史。どんなジャンルでも「史」と最後につければ、歴史になるのです。宗教だったら宗教史、科学だったら科学史とか」

「文学だったら文学史、経済だったら経済史……とか」

「そんな感じ。いろんなジャンルに史がつけば、歴史の範疇《はんちゅう》に入ってしまう。すなわち、どんな事柄も歴史と関係なくはないので、調べもののときは歴史を観点の一つにして損はないってこと。

もちろん、最新のエコロジー技術が知りたいとか、今話題のお菓子の作り方が知りたいとかいう調べものだったら歴史の本ではお手上げだけど、最新のエコロジー技術も今話題のお菓子の作り方も十年たてば歴史といえなくもないよね、やや強引だけど。実際、歴史の棚には平成以降に関する本も並んでいるし」

「学校で習った歴史は、何とか幕府とか何とか体制とか、政治の内容がほとんどでしたけど」

「歴史の教科書だって、その時代の政治の説明が終わったら、文化とかいう項目になって、美術作品や文学作品が出ていたり、宗教についてとか、コラムなんかで庶民の生活が取りあげられていたりしたよね。あんまり面白くない構成かもしれないけれど」

「そういえば日本史の教科書に平安時代の貴族の服装のイラストが出ていたけれど、一応、ファッション史かも。江戸時代のページには、寺子屋の挿絵なんかもあったな、授業が暇なとき、上から落書きしていたのを覚えている。寺子屋って江戸時代の塾でしたっけ。教育史でもあるのか……」

「彩乃ちゃんが覚えている教科書はイラストや挿絵ばっかりだね。

平安時代の貴族の服装を調べたいと思ったら、この図書館では服装関係の棚を見るのが一般的。

［383・1］の服飾史とか［593］の衣服とか。けれど、そこで調べものがうまくいかないときは、ひょっとしたら歴史の棚に何かないかなって観点で探してみる価値はあると思うんだ。歴史の棚に服装関係の本が置かれている可能性もあるし、ビジュアルな歴史の本の一部で貴族の服装のことが出ている可能性もあるからね」

「寺子屋だったら教育の棚だけでなく、歴史の棚でも寺子屋に関する本が見つかるかもしれないってことか」

「うん。補足だけど、歴史の棚にないから各分野を見るって、逆のケースも考えられるよ。いかにも歴史らしい「源頼朝が鎌倉幕府を開く」だって、政治史の［312］でもいいんだしね。なんとか史という分類は各分野にも設けられている。［182］は仏教史、［392］は国防史、［662］は漁業史とか」

「この間の図書館の事情の話を思い出すと、本の置き場所を決めるときも迷いそうですね」

「はっきり特定のテーマについて書かれた歴史の本だったら、歴史のところではなく各分野に置かれることが多いと思う。一方、特定のテーマとその時代の社会全般をからめたりしている本だったら、各分野ではなく歴史の棚に置かれるケースもあるかな。一概にはいえないけれど」

「歴史が他の多くの分野と密接に関係していることはわかりました。あとで歴史の棚にどんな本が並んでいるのか確認しておきます」

「じゃん。さっき、こんな本を歴史の棚で見つけたんだ」と、伊予さんはうれしそうに机の上の『こ

とばの文化史 中世3』(平凡社)という一冊を示した。

「数日前に、嘘をつく人を「ほら吹き」っていうのはなぜなのかってお客様から質問を受けたんだ。もちろん、いろんな辞書に意味は出ているよ。例えば『成語大辞苑』(主婦と生活社)の「法螺《ほら》と喇叭《らっぱ》は大きく吹け」という項目に「『法螺』はホラ貝のこと。平安時代の頃から山伏が使い、また合戦の合図にも使われた。四方にものものしく鳴り響くところから、『大げさに言う、でたらめを言う』ことのたとえになった」とある。

一応それで解決したんだけど、お客様が「もう少し詳しく、いつ頃からどんな理由で、嘘って意味で使われるようになったか調べられないかなあ」っていわれた。

今度はすぐにはわかりそうもないから、時間をいただいて調査を再開。言葉の関係はもちろん、宗教関係の本を見たり、法螺貝の観点から調べたり、いろいろあたってみたんだけれど、『成語大辞苑』の説明と似たことしか書いていない。

そんなとき、もしかしたら歴史の棚に何かないかと考えて、日本の中世[210・4]の書架で目にとまったのが『ことばの文化史 中世』というシリーズ。3巻に「法螺を吹く」(藤原良章)というズバリの文献が収録されていて、中世の法螺を吹くという言葉について、多くの用例をもとに分析がされていた。まだ詳しく目を通したわけではないけれど」

「へえ、中世の言葉に関する本が歴史の棚に置かれていて、「法螺を吹く」の文献も収録されていたのか。たしかにざっと見た感じだと、この本は言葉の本というより歴史の本だし、なるほどなあ。

あっ、伊予さん。その本を見つけたから、今日は機嫌がよかったんですね」

「今日は僕の誕生日で……」

「またまた、法螺なんか吹いて」

「……次に進みます。歴史と並んで幅広く使えるのが［38］の風俗習慣・民俗学・民族学のところ。長いからまとめて民俗学といっておきます。彩乃ちゃん、民俗学って何だかわかる？」

「え、妖怪とか民話とか、『遠野物語』でしたっけ。あと民具なんか並べた民俗資料館とかもありますよね」

「そのイメージとってもわかる。民俗学の定義を正確には知らないけれど、そういうのが民俗学らしいよね。もちろん図書館の［38］の書架にも、妖怪とか民話とか民具の本はちゃんと並んでいます。だけど図書館の［38］の棚に並んでいる本を見ていると、もっと生活に身近なこと全般っていう感じがするよ」

「あんまり民俗学の書架ってなじみがありませんでした」

「民俗学の書架はけっこう盲点だったりするんだ。いつも、こんな本あるんだって発見があるしユニークな切り口の本も多い。例えば昭和40年代や50年代関係の本なんか見ていると懐かしさで楽しくなるしね。学校給食とか昔はやった遊びとか、彩乃ちゃんとは世代が違うけど、平成になってからのことを書いた本もあると思う」

「そんな本まであるんですか。歴史みたいに幅広いですね、民俗学」

「民俗学の分野が幅広いのは［383］（衣食住の習俗）が含まれているのが大きいんだろうな。衣食住が含まれているってことは、生活全般が範囲ってことだから」

「歴史は古いもの何でもありみたいな感じですけど、民俗学も人の生活に関することなんでもありってことか。なるほど、民俗学の棚もあとでチェックしておきます」

「民俗学のところは実際にけっこう重宝しているよ。昨日のかき氷の調査だったら［383・8］（飲食史）のところを調べた。蹴鞠関係の調べもののときは［384・8］（趣味娯楽）の『蹴鞠の研究 公家鞠の成立』（東京大学出版会）という本が役に立った。さっきの法螺を吹くって調べものなら［387］の民間信仰が調べる候補になる、とかね。

　では今日のおさらい。試しに彩乃ちゃんが今、気になっていること、何でもいいから一ついってみてください」

「今朝のテレビで紹介していたプリンがおいしそうだった」

「食い気で来たね。プリンについて知りたいと思ったら普通は料理や食品関係を見るんだけれど、調べる内容によっては民俗学や、ひょっとしたら歴史の書架も使えるかもしれない。では、どんな風にプリンが出ていそうかイメージしてみてください。まず民俗学から」

「えーと、民俗学の食のところですかね。プリンがどんな風に普及していったとか出ているかも」

「うん、飲食史のところだ。時代や地域による違いとか、プリンの雑学なんかも出ているかもしれないね。では、歴史は」

「プリンってイギリスが発祥でしたっけ。イギリスの歴史の本に何かあるのかなあ、プリンが食べられるようになった頃の話とか。日本の歴史の本だったらコラム風にプリンの伝来とかが出ているかもしれない」

「へえ、コラム風なんて高度なイメージができるようになったんだ」

「伊予さんの真似ですけど、うれしいな」

「以上が伊予流のお手軽な複数の観点の見つけ方でした。調べる内容によっては、歴史も民俗学もあんまり関係ない事柄だってあるから、すべてに応用できる発想ではないけどね。

たまたま歴史と民俗学の棚は、自分がよく使いこなしているから紹介しただけで、他の分野も考えようによっては広く使えるかもしれない。例えば、地理や経済も、技術や芸術も、すべての事柄に幅広く関わっていることなので、うまく使えば幅広い調べものに応用が効くと思う。

それから、何でもいいから得意なジャンルを作っておくと、一つの分野の構成がわかって、他の分野を理解したり応用が効いたりして役に立つよ。彩乃流の観点の増やし方も、彩乃ちゃんなりに構築するといいかもしれない」

「なるほど。8月に入ってから毎日の説明がとってもよく理解できます。連日、素敵なプレゼントをありがとうございます。では午後の仕事を始めます」

「……プレゼント、ね」

伊予さんがやけに8月4日について
こだわってたから、私なりに調べてみた。
（協力：本宮美里さん）

『記念日の事典』（東京堂出版）
- 箸の日
- 橋の日

『エブリデイ・ヒストリー』（知恵蔵1996年別冊／朝日新聞社）
- ビアホール事始め

『記念日、祝日の事典』（東京堂出版）
- 箸の日
- ビアホールの日

「ビアホールの日だって…日本で最初の
ビアホールが東京に出来た日なのか…。」

「彩乃ちゃん2人でビール
飲んで帰ろうか。」

「本宮さん、それ
大賛成です。」

手がかりを探しながら調べます

8月5日（木）

「……やっぱりミツスイのことでよかったのか」と伊予さんが電話を置いた。

「どうしたんですか」

「ハワイにいるハチドリみたいな珍しい鳥の図版をカラーで見たいという調べものを受けたんだ。ハチドリみたい、が特定できずに手こずったけれど、ハワイではミツスイという鳥が有名らしいから、質問をされたお客様に確認の電話をいれてみた。ミツスイでよかったって。

調べながら、たぶんミツスイのことだろうと予想してミツスイ関係の資料もいくつか集めておいたし、ひとまずは回答できるだろう」

私は机の上に積んである本を手に取って、付箋《ふせん》がはさんであるページを開いてみた。

「ハチドリはテレビで見たことあります。羽をすごい速さで動かして花の蜜を吸う小さな鳥でしたよね。ミツスイは聞いたことがなったなあ……」

「質問を受けて、どこをとっかかりに調べようか迷ったけれど、ハチドリから調べてみることにしたんだ。まず『動物大百科8　鳥類2』（平凡社）のハチドリの項目にあたってみた。けれどもハチドリの項目やその前後のページで該当する鳥は見つからない。ハチドリを特集している雑誌記事なんかも見たけれど、中南米や北米のハチドリしか出ていない。

ただ調べている過程で、数種類のハチドリが絶滅の危機に瀕していることがわかった。絶滅と珍しい鳥が結びついて、そこを手がかりに『世界絶滅危機動物図鑑5』（学習研究社）のハチドリの項目を見た。やはりハチドリのことしか出ていなかったけど、ハチドリの何ページか後ろでカワリハシハワイミツスイという鳥が目にとまった。同じくハワイに分布するミミフサミツスイも出ている。ミツスイって言うくらいだからハチドリと同様に花の蜜を吸う鳥なのかな、共通点がありそうだ、何となくクチバシの感じも似ているし、とミツスイが候補になったわけだ。

ふたたび『動物大百科9 鳥類3』（平凡社）でミツスイを確認した。同じ花の蜜を吸う鳥でも、ハチドリとミツスイは鳥類の分類上、離れた関係にあるらしいから『動物大百科』の違う巻に収録されたようだ。カウアイユミハシハワイミツスイ、オウムハシハワイミツスイ、アカハワイミツスイの図が出ていたし、ハワイミツスイ類の説明もあった。

さらに『世界大博物図鑑』（平凡社）の別巻1が「絶滅・希少鳥類」なのであたってみたところ、ミツスイとハワイミツスイの項目に合わせて数十点の図が掲載されていた。この中には、絶滅したものも含まれているから、お客様の知りたい情報と一致するか確認が必要だけど」

「机の上には『世界大博物図鑑』の第4巻（鳥類）もありますけど、そっちには出ていなかったんですか」

「説明はあるんだけど、図が出ていたのはワキフサミツスイの1点だけだった」

「私なら鳥類の巻だけ見て、調べるのを終わりにしそうだな。絶滅・希少鳥類って発想がないと、見落としてしまうわけか」

「ハワイのミツスイに関する記述は他にも出ていたけれど、うちの図書館でカラーの図版が載っていたのは、こんなところかな」

「ふーん、もし『ハワイの動物』とか『ハワイの自然』とかいう本があったら出ていそうですけど」

「おっ、ちゃんと探そうとする本をイメージできるようになってきたんだ。でも残念ながらその手の本は未所蔵だった。ハワイからの観点だと『ハワイ〔極楽〕ガイド』（宝島社文庫）という本に「幻の鳥、ハワイミツスイに会いに行く」という記事があって、ハワイミツスイの説明やバード・ウォッチングの方法が出ていた。数点の図もあったけど、カラーではなかったし、先程の『世界大博物図鑑』からの転載とかだった」

「漠然とした質問を特定しながら調べていくのは難しそう」

「手がかりを拾いながら調べるんだ。ハチドリを調べていたら絶滅危惧という手がかりが拾えた。絶滅危惧を調べていたらミツスイが見つかった。それからミツスイを確認して、という感じかな」

「手がかりを見つけてたどって、探偵さんみたい……。あ、それで伊予さんは『名探偵コナン』（小学館）のマンガが好きなんですね。木崎さんから聞きましたよ」

「違います。『名探偵コナン』は探偵とか事件とか推理がどうこうより、キャラクターの織りなす世界がいいのです。それに僕はマンガよりアニメの方が好きだな」

「作者が複雑な表情をしそうなコメントですね」

「……いずれにしても、手がかりをたどっていくというのは、図書館での調べごとの基本だから。そうそう、結婚する男性と女性は赤い糸で結ばれている、という話は知っている？」

「聞いたことあります。ロマンチックな話ですよね」

「どういう話が元なのか調べて欲しいという依頼を数年前に受けたことがあったんだ」

伊予さんはキャビネットから、ごそごそとファイルを取り出して、コピーの束をめくっていく。

「まず民俗学の書架で適当に『縁起がいっぱい』（同文書院）という本を開いたところ、『古事記』の中に出てくる奈良の三輪山の神話に由来があることがわかったんだ。

もう少し調べてみようと思い、民俗学関係の棚を見ていったら『江戸の女たちの縁をもやう赤い糸』（斉藤編集事務所）という本が目にとまった。その本には江戸時代の『雨月物語』の中の「吉《き》備《び》津《つ》の釜《かま》」に、中国の故事をもとにした赤い糸（赤縄）の話が述べられているとあった。

そこで『日本古典文学全集』（小学館）の「雨月物語」の巻でたしかめたら「吉備津の釜」の注記で、「赤縄繫足《せきじょうけいそく》」という中国の故事によると解説されていた。赤い縄で結婚を決める月下老人という神様がいるらしい」

「手がかりをたどって、中国まで来たわけですね」

「そう。中国の月下老人や赤縄という手がかりが加わった。中国の故事だから『大漢和辞典』（大修館書店）を引いたところ「月下老」や「赤縄繋足」の項目に、旅人が月下老人と出会ったとき、赤縄を見せられて、夫婦となるべき者の足をつなぐ説明を聞いた、という故事が紹介されている。

この故事について所蔵している本で探したところ、例えば『唐代伝奇集2』（東洋文庫）の「定婚《じょうこん》店《てん》」に、こんな風に出ていた」

――赤い縄さ。これで夫婦の足をつなぎ合わせるのだ。人が生まれると、こっそりこの縄でつなぐのだが、仇《かたき》の間であろうと、身分に隔てがあろうと、世界の果てに赴任していようと呉楚《ごそ》のような遠方に住もうと、この縄でいったん結ばれたら、もうのがれることはできない。

「何だか怖いな。私は西洋の話だとばっかり思っていたけど中国の話だったんですね。中国関係の本も見ないとわからないのか」

「有名な話だから、もっといろんな本から調べられたけどね。例えば『日本国語大辞典』（小学館）にも「赤縄」という項目があったし。

ついでだけど調べている途中、民俗学の棚で『いろの辞典』（文芸社）という本を見つけた。赤色という観点からも調べられるかなと手に取ったところ、『いろの辞典』の「いろ」は色彩ではなく、色気や色事の「いろ」だった。でも、せっかくだからとめくってみたら、しっかり「赤い糸」の項目があって、気がついた範囲では一番わかりやすくまとめられていた」

――（日本では）七福神が新年に集まり、神たちは円をなして座り、白糸と赤糸の束を手にとる。そして慎重に注意しながらよく振って糸を選び、赤糸と白糸を一本ずつ結び付けて堅い結び目を作る。

これが新しく結婚するであろう人の運命の糸である。（中略）一方、中国には「赤い縄」の話がある。日本の神話伝説と日本に入って来た中国の赤い縄の話が結びついて、「赤い糸」の話になったと考えられ、縁の有った男女のことを「赤い糸で結ばれている」という俗諺《ぞくげん》が生まれたと思われる。（中略）中国の「赤い縄」では男女は足首同士が結ばれているが、「赤い糸」では小指と小指が結ばれているというように、細かい点での違いが見られる。

「日本と中国では、手と足だったり糸と縄だったり、微妙に話が違うんですね」

「元の話がアレンジされてバリエーションが派生するというのは由来関係の調べものでは、けっこうよくあるケースだよ。この事例では、日本か中国どちらか一方の説話だけ調べておしまいにしてしまう可能性があるよね。間違いではないけれど不十分な調査になってしまうわけだ」

「やりそうだな、私。そうならないためにも手がかりを大事にするのか」

「いきなりダイレクトに調べられなくても、調べながら手がかりを拾ってだんだんに調べたいものに近づいていけばいいんだ。調べているうちに明らかになることもある。

気になる手がかりが見つかったら、その観点からの調査の可能性も考えて、可能性がイメージできたら手間を惜しまず確認する。調べものの縁を大切に。どこで調査の赤い糸がつながっているかわからないから」

「その赤い糸は、ぜんぜんロマンチックではないです」

「そういえば伊予さん、昨日8月4日について調べてみました。ビアホールの日だって。私、本宮さんと一緒にビール飲んで帰りました。おいしかったよ。」

伊予さんは不気嫌そうになった。

心配なので、さっそく手がかりをみつけて調べてみよう。

木崎「知らない。」

川波「いつものことだよ。」

横道「そういえば昨日はどうでしたかって富士さんに聞かれたけど何のことかよく分からなかったな…。」

富士「昨日は皆んなでお祝い会はしなかったの？昨日私は休みだったから前日にかき氷の差し入れをしたんだけど。伊予さんにはプレゼントをかねて少し高級なものを…。」

「伊予さん、1日おくれたけどプレゼントです。」

私は図書館の裏庭で1曲歌いました。

伊予さんは本当に嬉しそうでした。

背表紙から本の内容を考えます

8月6日（金）

「以前、伊予さんから聞いた『魔女の薬草箱』っていう本、返却されて予約していた私のところに届きました。私が思っていた内容とは違っていましたけど、魔法ではなくて薬草の調合とか。かえって面白そう」

「分類番号が薬学の［499・8］（生薬学、和漢薬）だったから、だいたいの内容は予想できるのだけど、……そうか、そういう話もしておかないといけないな。予定変更、ちょっと待ってて」

伊予さんは返却本の置かれたブックトラックのところにいって、何冊か本をめくっている。

「お待たせしました。これまでは図書館の分類を見渡してどう調べるかという話が多かったけど、今日は一冊の本だけを取りあげます。では、適当に返却本から抜き出してきた本が二冊あります。彩乃ちゃん、まずこの本の背表紙を見てください」

伊予さんが背表紙だけ見せてくれたのは『電顕入門ガイドブック』。

「書架に並んでいる状態でこの本を見たとき、彩乃ちゃんには背表紙のタイトルだけが目に入ってくるはず。これが第一の情報。背表紙の情報から書名は『電顕入門ガイドブック』、著者は［社］日本顕微鏡学会ということがわかります。図書館の本だからラベルが貼ってあって［549・9］という分類番号であることもわかります。ラベルに隠れていて見えにくいけれど、出版社は学会出版センター。いいですか」

「はい、背表紙に書いてあるのはそれだけなので、私にわかるのもそれだけです」

「書架に並んでいるこの本の背表紙が目にとまったとき、彩乃ちゃんは『電顕入門ガイドブック』ってどんな本か考えるはず。電顕ってなんだろう」

「電顕だけだったら見当がつかないけど、著者が［社］日本顕微鏡学会ってあるから、電子顕微鏡のことかなあ……」

「正解。実際に書架で見たときは、この本が並んでいる周りの本から、何となく電子顕微鏡のことだとわかるはず。［549・9］は電子顕微鏡なんかを含んだ電子装置関係の分類番号。この本の左右にもたぶんそういう本が並んでいると思います。

　それから、入門ガイドブックって書いてあるけど、どんな印象を持つ」

「基本的なことが書いてあるのかな」

「そうだね。もし『電子顕微鏡の三次元応用解析理論』とかいう書名だったら、電子顕微鏡のことが書いてあっても専門的な印象だから、調べごとの内容によっては手に取らないかもしれない」

「避けるかも……私には理解不能なような。入門ガイドブックくらいの方がとっつきやすそうです」

「はい、そのようなことが書名だけからわかりました。他にも、著者が日本顕微鏡学会だから信頼できそうだとか、出版社が学会出版センターだから学術っぽいのかなとか、彩乃ちゃんが詳しいことを知らなくても何となく感じとれるかもしれません。

以上は、書架に並んでいる背表紙を見ての一瞬の判断です。

さて、彩乃ちゃんが電子顕微鏡の何かを調べていて、知りたいことが出ているかもと書架から『電顕入門ガイドブック』を引き抜いたとします。まず、どうしますか」

「めくります」と私が手を伸ばすと、

「ストップ。今日はここまで。明日、実際にめくることにしよう」

伊予さんは机の上に『電顕入門ガイドブック』を置いた。

「明日のお楽しみになるのか。そんなにわくわくする内容ではなさそうだけど」

「彩乃ちゃんがわくわくする内容ではなさそうだって感じたのも、書名や外観の印象で感じとったんだよね。例えば本の内容に彩乃ちゃんが調べようとしているズバリの内容が含まれたとしても、彩乃ちゃんが背表紙から内容を感じとれなかったとしたら、その本は手に取らないままになってしまう。だから背表紙からわかることって大事なんだ」

「外見より中身か。何だか人間についていわれているみたい。そういえば『人は見た目が9割』というベストセラーがありましたね。私は読んでいませんけど」

「うん、新潮新書だっけ。僕もぱらぱらとめくっただけで、あんまり覚えていないや。ではその本、彩乃ちゃんはどんな内容だと思う」

「見た目が9割だから外見が大切とか。着ている服とかかなあ。髪型とかメイクとか、表情なんかも外見か……」

「彩乃ちゃんがいったみたいな内容ではベストセラーにはならないだろうし、新潮新書ってことからしても、もう少しひねった内容の気がするな。たしかコミュニケーション関係だったような気がしたけど、たしかめておいてごらん。

そうそう、同じく新書のベストセラーで『さおだけ屋はなぜ潰れないのか?』(光文社新書)という本があるよね。この本の中身を見て自分が考えていた内容と違うといっていたお客様がいたよ。さおだけ屋さんの本だと思ったんだって」

「違うんですか。私もさおだけ屋さんの本だと思っていました」

「うーん。今、本のデータを確認したけど副書名に「身近な疑問からはじめる会計学」とある。さおだけ屋さんはいくつかの例の一つで、それをトピックス風に書名に使ったんだろう」

「もっと中身がわかりやすい書名にすればいいのに……」

「本を作っている立場としては、書名から本の内容を理解してもらいたいと考えると同時に、たくさんの人に手に取ってもらいたい、そのためにはどんな書名がいいのかと知恵を絞るんだろうね。『さおだけ屋はなぜ潰れないのか?』の方が『身近な疑問からはじめる会計学』より、興味を引く書名だと思わない?」

「たしかに……。そういう事情もあるのか」

「話が脱線してしまいました。それでは二冊目にいきましょう。さっきと同じように背表紙から分析してください」

伊予さんが背表紙を見せてくれたのは『富国強馬』という本。

「富国強兵という歴史の言葉をひねって富国強馬にした書名ですね。「ウマからみた近代日本」という副書名もついています。近代の日本の軍隊の馬の本かなあ……。著者の方は武市銀治郎さん、失礼だけど私は知らない。講談社選書メチエって書いてある。講談社は知っているけど選書メチエは聞いたことがないなあ。それから分類番号は［645・2］だけど何の分類かわからないや、分類表で引いてみていいですか」

「すぐに自分で調べる癖がついたのはえらいね、どうぞ」

「えーと……［645・2］は家畜の分類の中の馬の番号か。そういうところに並んでいる本だと、軍隊の馬とは違うのかなあ。背表紙から私がわかるのはだいたいこのくらい」

「さっきはいい忘れたけど、背表紙からわかるのは文字の情報だけではなく、装丁とか大きさや厚さなんかも本の内容を類推する要素になるよ。大きな豪華本だったら図版が多いかもしれないなとか、ピンク色のカバーに白色の文字の装丁だったら軽い感じなのかなとか。ついでとしては、外観が新しそうだとか古そうだとかも出版年を推測する参考くらいにはなるかな、あてにならないけれど」

「この『富国強馬』はわりと読みやすそうな本の気がします。そんなに厚くないし、まあまあコンパクトだし」

「講談社選書メチエであることにも注目。選書というのは、さっきの新書なんかもそうだけど、一つの専門的なテーマを理解しやすく書いた本って理解できる。選書の方が新書よりは少し堅い印象はあるけど。さて、この本も明日まで寝かせておきます」

伊予さんは机の上の『電顕入門ガイドブック』に重ねて『富国強馬』を置いた。

「今日は一冊の本の構成について話す予定だったのですが、背表紙から内容を推理するという話に方向転換してしまいました。経験とか勘も必要になることだから説明するのは難しいんだけど。ただ背表紙から内容を予測するというのは、それほど特殊なことではないよ。

例えば、彩乃ちゃんが小説を読みたいと思って探しているとき、書架に並んでいる背表紙を見つつ、目に入ってきた著者や書名や装丁から受けた印象で、自分の読みたい本と一致するかどうかを考えながら手に取って選んでいるはず。恋愛小説かな、推理小説かな、泣ける話かな、とか」

「そういわれればそうかも。だけど書名からでは何のことだかさっぱりわからない本って多いですよ。そこ置いてある事務用の『広辞苑』（岩波書店）だって、知っているから国語辞典だってわかるけど、知らなかったら背表紙だけでは何の本か見当もつかないでしょうね」

「『広技苑』（毎日コミュニケーションズ）っていう本もあるよ」

「何ですか、難しい辞書かなあ」

「ゲームの攻略法とか裏技を集めた本」

「……」

「伊予さん、そこの机の上にある、本だか何だかわからない物体は何ですか？」
「これは犬がかじって遊んでいた本。　お客様が申し訳ないって事務室に持って来たんだ。」

図書館の本はみんなのものだから大切に扱おうね。

おまけ『魔女の薬草箱』(山と溪谷社)
に出ていた愛の飲みもの　(P122～P123)

①コリアンダーの実7個を乳鉢ですり潰す。
②「暖かい実，暖かい心，ずっと仲良くしていてね。」と3回唱える。
③1ℓの白ワインに入れてかき混ぜる。
④10分したら好きな人に飲ませる。

一冊の本を使いこなします

8月7日（土）

「伊予さん、図書館の本は貸し出し中だったから、本屋さんで『さおだけ屋はなぜ潰れないのか?』と『人は見た目が9割』を見て、どちらも楽しそうだから買ってみました」

「彩乃ちゃんのイメージしていた内容と比べてどうだった」

「『さおだけ屋はなぜ潰れないのか?』は最初の一章がさおだけ屋さんの話だったけど、さおだけ屋さんについて詳しいわけではありませんでした。

『人は見た目が9割』も、私がイメージしていた服装とか髪型とかいう内容とは違っていました。マンガなんかも引用してあったりして。伊予さんがいっていたようにコミュニケーションとか心理学っぽい内容でした」

「彩乃ちゃんにとっては見た目どおりでなかったわけだね。ところで、彩乃ちゃんは『さおだけ屋はなぜ潰れないのか?』の内容をどうやって確認した?」

「え、手にとって、ぱらぱらめくって……」

「それから?」

「目次とか見て……」

「そう、たいていの本には目次があるよね。さおだけ屋さんに関することが最初の一章だけっていうのも目次で確認したのかな」

「はい。目次を見て他の章にはさおだけ屋さん以外のことが書かれているとわかりました」

「本の全体のおおよその内容を知りたいときとか、探している事柄がどのあたりに出ているかを知りたいときには目次が役に立つよね。基本中の基本だけど、覚えておいてください」

伊予さんは昨日から机の上に置いてある『電顕入門ガイドブック』を私に渡してくれた。

「どんな内容か確認してください。ご自由にどうぞ」

私はぱらぱらと本をめくった。参考書みたいな感じの本だった。電子顕微鏡のことがたくさん説明してあるのは間違いない。

それから目次に目を通す。始めの方に「細胞の構造と機能」という章があった。ふうん、機械の説明だけではないんだね。他の章は、透過電顕試料作製法とか、電顕の構造と基本操作とか、意味はよくわからないけど、だいたいの感じはつかめた。

「伊予さん、この本は私の予想と近かったかも。電子顕微鏡の概説的なことが書いてあるみたい」

「そうだろうね。でも、調べものという観点からこの本で注目してもらいたかったのは本文と目次だけでなく巻末なんだ。彩乃ちゃんはあんまり気にしていなかったみたいだけど」

……巻末って何が出ているのだろう。私は本の最後のあたりをめくった。表とか索引のページがある。

「まず索引の有る無しっていうのは、調べものをするときの便利さがぜんぜん違う。その本に調べたい事柄が出ているかどうか、何ページに出ているのか、だいたい判断できるから」

「だいたいって、全部は分らないのですか」

「索引に収録されていない事項もあるから。それに索引といっても、人名索引とか地名索引とか事項を限定している場合もあるしね」

「索引か。あんまり気にしていなかったな」

「索引だけでなく、この本の巻末には付録がいくつか載っているね。まず、単位の一覧が出ている。たぶん電子顕微鏡を扱うときに役に立つ単位なんだろう。電子顕微鏡関連企業一覧というのもある。企業名と連絡先、事業内容か……、個別に問い合わせをするときなんかに使えるのかも。

　巻末の付録は、本をもっと便利に活用できる資料だったり、本文の内容の基礎データだったりする。調べものには、本文以上に役に立つこともあるんだ」

「私、今まで何も考えずに読み飛ばしていたなあ……」

「そして何といっても参考文献だね。この本で紹介されているのは図書だけだから参考図書って書いてあるけれど、雑誌の記事や論文なんかを含めて参考文献という方が一般的です。『電顕入門ガイドブック』に書かれていることをもっと詳しく調べたいときや確認をしたいときなんかは、ここを見て必要な本を探していけばいい。巻末だけでなく、各章の後ろについていることもあるし、注記で欄外に書かれていることもあるよ。

参考文献から文献が見つかって、その文献の参考文献からまた文献が見つかる。僕が学生のときは、参考文献をたぐって次から次に関連する文献を集めていくようなことを、いもづる式に文献を集めるとかいったけどね」

「次から次に出てくるからですね。その言葉のイメージはわかります」

「あと、巻末ではないけれど、この本で注目するところとしては本の冒頭にある「はしがき」のあたりかな。電子顕微鏡技術認定試験というのがあるらしい。その試験の参考書としての役割も意図して出版されたみたいだね。「はしがき」「まえがき」や「あとがき」には、本全体に関することが書かれているので、念のため見ておいた方がいいかも。全部実話だと思っていたらフィクションです、というケースもあるし……。

そうそう、本の内容というわけではないけれど、本の最後のページに記載されている奥付も確認しておこう。いつ出版された本なのかとか、改訂版なのかとか、出版に関する基本的な情報がわかるから」

「本の隅々にまで目を通すんですね」

「一冊の本を使いこなすってそういうことです。使える情報は使わなきゃ。

以上を踏まえて、『富国強馬』の方も実際に確認してください。彩乃ちゃんが昨日、軍隊の馬の本かなっていっていた本だよ」

「昨日は背表紙しか見ていませんでしたけど、表紙のカバーに軍隊のイラストがありますね。短い内容紹介もある。この感じだとやっぱり軍隊の馬の本なのかな」
「表紙をながめて考えているより、めくりましょう」
「あ、そうですね。では、ぱらぱらと……。馬の写真や挿絵が多いですね。巻末の付録も充実してい
そう。それは後回しにして、まず目次で内容を確認します。
章立ては「維新以前」「帝国陸軍の誕生と馬」「日露戦争と第一次世界大戦」……やっぱり戦争関係
が多いのかな……「優駿の夢」「日本競馬事始」……競馬のことも載っているのか……「戦時体制下
の馬」「馬への愛は生きつづける」でおしまい。ふーん、少しイメージしていたのと違ったな。競馬
とかも出ているし軍隊に限った本ではないみたいですね。
次に、さっき伊予さんがいっていたことを踏まえて巻末も見てみます。
「あとがき」には作者が本を書いた経緯とかの説明があります。参考文献は盛りだくさんですね、6
ページ分も出ている。これをたどっていけば馬関係の調べものはバッチリかもしれない。写真図版出
典一覧というのもあるけど、図版を確認するときとかに便利なのかな。それから統計の表がいっぱい。
「近代日本の馬に関する諸統計」には馬の数とか体型、馬の血統図も出ている。統計情報を知りたい
人には役に立ちそう。巻末資料の「馬に関する用語」は馬の種に関する説明がまとめられていますね。
索引はありませんでした。最後の奥付によると1999年に出版された本です。
ざっと見たところ、私の気がついたのは以上です」
「そんなところだろうね。本のポイントはよくつかんでいると思う。補足としてはカバーの折り込み

にある著者の略歴を見て、どんな立場の人で他に何を書いているのかなどを確認して欲しいくらいです。細かく目を通していけばもっといろんなことがわかると思うけど、調べもののたびに一冊まるごと読んでいくことはできないから……。

さて、ここで彩乃ちゃんに質問。戦前の競馬の馬のことを知りたいとき、この本は使えそうだよね」

「はい、とっても」

「では、彩乃ちゃんが、戦前の競馬の馬のことを調べているとします。この本の分類番号［645・2］は、彩乃ちゃんが昨日確認したとおり家畜関係の馬のところなので、直接、競馬［788・5］の分類ではありませんが、これまで学んできた成果で彩乃ちゃんなら［645・2］までたどり着けたとします。［645・2］の書架で『富国強馬』というタイトルの背文字が目に入ってきました。彩乃ちゃんなら、この本を手に取るかな」

「うーん、軍隊の馬の本で競馬のことは出ていないと思って手に取らないかもしれない……。えっ、それって、とっても悔しいですよね。せっかく目の前まで来ているのに。手にとってめくればわかるのに」

「気がつかなくて必要な情報を見逃しているってけっこうあるんだろうね。図書館で調べものをしている人も、この図書館のみんなも、もちろん僕も……。

一冊の本だけでなく目次だって同じことだよ。目次の簡潔な見出しを見て、調べていることは出ていないと思っても、実際に本の中身を詳しく見たら出ているかもしれない。内容がわかりにくい章のタイトルをつけていることもあるし、粗雑な目次の採り方をしているとかはよくあること」

「そういえば私がここに勤めはじめた頃、伊予さんからいわれて気になった納豆のかきまぜ方を調べてみました。納豆の本を手に取ったとき、本のどこを見たらいいかよくわからなくて、あてもなく本をめくっていって、かきまぜ方の記載を探しました。たしか本の「あとがき」にも書いてあったんだっけ」

「へえ、「あとがき」まで目を通したんだ。手間がかかったと思うけど、目次を見ても「あとがき」に何が書いてあるかはわからないからね」

「今だったら少しは本に慣れてきたから、かえってそんなところまで見ないかも……」

「結局、愚直に本の中身を確認しないとわからないことってあるんだ」

「伊予さん、本の中身を見抜く秘訣ってありますか」

「書名なり目次から、こんな内容も含まれているかもしれないって柔軟にイメージして、ひょっとして何か出ているかもと一瞬でも思ったら、本を手にとってめくって確認する。そうすれば後悔もしないし、本をたくさん見ることによって勘が磨かれることもあると思う」

「人は見た目が9割かもしれないけれど、本は見た目でなくて中身ですね。よしっ、とにかく片っ端からいろんな本をめくっていこう」

「あんまりやると大変だよ。見た目からわかることもたくさんあるし、効率も大事だし……」

明日から3連休。
よしっ どこかに旅に出よう！
伊予さんに聞いたら、電車に乗れば
どこかに連れてってくれると言ってたけど
今の私は気ままな旅ではなく いろいろ
調べて行きたいのだ。
しかし…

家に帰ったら具合が悪い。めずらしく
夏風邪みたい。慣れない仕事で疲れも
出たかな…。 残念だけど家で寝ていよう。

調べものに便利な参考図書です

●8月11日（水）

「サンニンジンナイですか。……三人の人物のこと。……歴史の関係、江戸時代。……どういう漢字を宛てるかはわからない。……誰だか特定できればいい。……できるだけ早く知りたい。……わかりました。それではお調べして折り返し電話をいたします」

伊予さんは電話の受話器を置いて、少しパソコンで検索してから、参考図書コーナーにいって何冊かの本をめくり、そのうちの一冊を手にとって戻ってきた。ふたたび電話。

「お待たせいたしました。先ほどの件ですが『名数数詞辞典』（東京堂出版）に「サンジンナイ」という項目が見つかりました。「三甚内」という字を宛てるようです。……江戸時代初期の盗賊のことで、庄司甚内・富（飛）沢甚内・幸（高）坂甚内の三人だと書いてあります。……それぞれの人物をお調べすることもできますが。大丈夫ですか。はい、またお待ちしております」

伊予さんはメモをとっている。

「へえ、『名数数詞辞典』ですか。いろんな本があるんですね」と、私は『名数数詞辞典』を手に取った。いつの間にか気になる本はめくっておくのが習慣になっている。

「数字がつく言葉を説明している本なんですね。「三八幡《さんはちまん》」はどこかとか「三馬《さんば》の鞭《むち》」の意味とか「三婆《さんば》」って何かとか。参考図書コーナーには変わった本がたくさんあるみたい。私、実は参考図書だけまとまって置いてあるってことも、この図書館でアルバイトを始めるまで知らなかったんです」

「そういえば参考図書については、まだ説明したことがなかったか。彩乃ちゃん、参考図書コーナーにはだいたいどんな本があるのか把握しているかな」

「……漠然とですが、辞典とか」

「たしかに辞典なんか多いよね。他にも辞書とかハンドブック、便覧や年鑑とか。ようするに調べものに役立つ本を集めたところ。それが参考図書コーナー」

「貸し出しはしていないんですよね」

「うん、いつでも書架にあって調べごとに対応できるように。一夜貸しとか特別の場合を除いて、あかね市立図書館では原則として貸し出していない。一冊まるごとじっくり読むという本ではなく、必要なところだけ見ればいいというケースを想定しているから」

「調べものには、参考図書コーナーに並んでいる本を知っておいた方がいいですか」

「もちろん。こんな本があるんだってつかんでおくと便利だよ。今の三甚内の問い合わせだって、江戸時代とか他からの調べ方もあるけど、たしか名数だけを集めた辞典があったなと浮かんだから、すぐに回答に近づけた。一口に参考図書といってもいろいろあるんだ。この分野や事柄を調べるにはこの辞典というのもあるし。

例えば日本史なら『国史大辞典』（吉川弘文館）とか。項目が多彩で詳細、専門家が執筆しているので信頼がおける。参照項目や参考文献もついている。図版も多く別刷図版も役に立つ。別巻の索引も多様な引き方ができて便利……など、そうした特徴は知っておいてもいいと思う」

「ふーん、『国史大辞典』か、あとで見ておきます。伊予さんは『国史大辞典』について詳しいですね」

「『国史大辞典』に限らず各分野の代表的な参考図書くらいは図書館の司書として使いこなせないとね。彩乃ちゃんはまだ、どの参考図書が『国史大辞典』のようにその分野の定番なのかわからないだろうけど。代表的な参考図書だけまとめて紹介している本なんかもあるから見ておいてもいいかも。それと参考図書によって記述や使い勝手に特徴があることも押さえておくといいよ」

「そういえば私、学校を卒業してからほとんど辞書を手にしていなかったな……」

「この間、ビジネスマン風のお客様から、ある漢字について質問されたとき、漢和辞典を普通に引いただけなのに、さすが図書館員だってえらく褒《ほ》められてびっくりした。考えたら最近、紙の辞書を引く機会って減っているよね。

僕の知り合いは、家にある『広辞苑』はほこりをかぶっていたけど、電子辞書を買ったら収録されていた電子版の『広辞苑』をよく使うようなったとか、インターネットの百科事典をお気に入りに登録しておいたら、百科事典の便利さに気がついて頻繁に検索するようになったとかいっていた」

「本の辞典って重くて大きいから大変ですよね」

「その気持ちはわからなくもない。参考図書の電子化も進みつつあるけど、紙であれ電子であれ参考図書の情報が調べものに便利なのは間違いない。電子情報やインターネットの話はまた今度ね。図書館や本での調べ方を身につけてからの方が説明しやすいし、その方がインターネットを使いこなす上で役に立つことも多いと思っているから」

「へえ、楽しみにしています」

「とりあえず彩乃ちゃんは、時間があるときに参考図書コーナーで、いろんな参考図書をざっと見ておいてもいいかもしれない。ただ見ているだけではなく、どんなときに役に立つのか、調べものにどう活用できるかって考えながら手に取ってみるのがポイント」

「わかりました。あ、その本も参考図書ですね」

伊予さんの机の上に、二冊の参考図書が置かれていた。『天気予知ことわざ辞典』(東京堂出版)と『日本俗信辞典 動・植物編』(角川書店)。

「うん。桜の花の色と天候との関係についての言い伝えを調べている途中。二冊ともわりと面白い参考図書だよ。見ておいてごらん」

——『天気予知ことわざ辞典』

伊予さんが紙をはさんでいたページには「サクラの花の色うすい年はいつまでも寒い」という項目があって、その根拠まで書いてある。へえ、いろんな天気関係のいい伝えに関する調べものに対応できそう。こんな辞典があること自体、発見だなあ。

——『日本俗信辞典 動・植物編』

こっちは動物や植物のいい伝えを集めた本なんだ。「桜」の項目には「サクラの花の色が薄ければいつまでも寒い」（広島）とか「三月（旧暦）サクラに紅あれば作よし」（山形県西村山郡）とか、小さい字でびっちり書いてある。文章を書くときのネタにもなりそう。干支の動物に関するいい伝えを年賀状に使うなんていいかも。地域ごとの違いがわかるのも面白いな。

「そうだ、伊予さん。子ギツネのコンちゃんにはなかなか会えませんね。待ってください、……ありました、「狐《きつね》」の項目。えーと例えば「晩に、新しい履物をおろすと、キツネが来る」のだそうです。試してみてはいかがでしょう。私もコンちゃんに会いたいからやってみようかな。

他のところも面白いな、不吉なこともたくさん書いてあるけど。キツネがコンコンと鳴くとそのあたりの家が繁盛する、っていうのもあります。図書館の近くで鳴いてくれるといいですね」

「はは。まあ、そんな感じで参考図書になじんでいってよ。

以前、刀豆《なたまめ》を持っていると弾があたらないというのはどこの地方のいい伝えか、なんて調べものも、その辞典で解決したんだっけ……。では彩乃ちゃん、あとは自習」

「ふうん、今度は『天敵大辞典』（農文協）か。これまたマニアックな辞典だな……」

私は勤務時間が終わってから、しばらくの間、参考図書コーナーで本を手に取っていた。

――『天敵大辞典 下巻』

なになに「水田の天敵」という章がある。イナゴ類の天敵はチョウセンカマキリとナガコガネグモか。害虫を天敵で退治しようということなのかな。よくこんな辞典を作ろうと考えつくものだ。巻末には「対象害虫から引く索引」もついている。この辞典があれば、田んぼや畑にいる害虫の天敵に関する調べものにはたいてい対応できそうな気がする。そんな問い合わせあるのかな、あかね市には田畑も多いから農家の人に役に立つ情報なのかもね……。

いつの間にか閉館放送が鳴り始めた。もう帰らなくては。

分厚い辞典類が並んでいる参考図書コーナーには堅苦しい印象を持っていたけど、調べごとという視点を持って接すると、いろんな発見があって案外と楽しい。私は今日、何となく興味を引かれたごく一部の参考図書を手に取ったに過ぎない。参考図書コーナーは一日少しずつでも時間をかけて、じっくり見ておこう。

「何だか最近、本が読むものではなくて、道具みたいに思えてきました」

帰りがけに遅番だった石尾さんに話しかけた。

「たしかに図書館で働いていると、本は読むものというより必要に応じて使うものになるよね。道具って感覚わかるな。それにね、参考図書のことをレファレンスツールっていうの。ツールだからやっぱり道具よね。彩乃ちゃんの指摘は的を射ているわけだ」

職人さんが工具を用途に合わせて使っていくように、私も調べものに合わせてうまく本を使っていきたいな、なんて。今日はそれがわかったところで終了っと。

伊予さん談

ある高校の図書室で研修をしていた時、生徒から『機動戦士ガンダム公式百科事典』(講談社)の熱意あるリクエストを受けた。「ガンダムで1万5千円なんて買えるわけないだろ。」と思ったけど、自分で買えないから図書室にリクエストするのはもっともだし、近隣の大規模図書館にも全く所蔵がなかったから強引に買ってしまった。

届いた本を見てびっくり。項目は詳細で内容は多彩、出典も明示されている。

参照項目や画像も多く、巻末の索引や付録も充実。これまで見た中では、もっとも出来のいい参考図書の一つ。これで1万5千円なら安いと感じた。

リクエストした生徒以外も、みんなで辞典を引いて研究?していた。こういう辞典を使って、参考図書の使い方を覚えるのも悪くないなと思った。

だって。

図書委員の生徒さんはその本を「1万5千円」と呼んでいたそうです。
伊予さん自身、買う行為を楽しんでいたのが、私にはわかる。
それにしても すごい!!

インターネットを図書館風に理解します

8月12日（木）

「彩乃ちゃん、昨日は閉館間際まで参考図書コーナーで、ぶつぶつつぶやいたり、歌を口ずさんだりしながら、いろんな本を手に取っていたんだってね」

「わっ、どうして知っているんですか」

「昨日の遅番だった田中弥生さんから聞いた。彼女、図書館の事情通だから」

「せいぜい鼻歌くらいだと思うけど……、恥ずかしいですね。伊予さんからいわれたように、この参考図書はどんなときに役立ちそうか考えながら見ていたのは事実ですけれど」

「ほう、それはすばらしい。一度でもめくっておいた参考図書って、調べものをしているとき、自然と向こうから手に吸い付いてくるような気がするんだ。逆に一度もめくったことのない参考図書って、なぜか手に取らないまま終わってしまいがちなんだ」

「手に吸い付く、ですか。すごい表現ですね」

「実感だから仕方がない。一冊一冊の内容まで詳しく覚えていなくても、必要なとき、何か引っかかって自然と手に取ってしまうんだ。一度めくっておくことによって、イメージがわきやすくなるのかもしれないな」

「内容を覚えていないっていうのは、伊予さんに固有の事情かも」私が笑い、伊予さんが苦笑する。

「いうようになったなあ。伊予流は記憶力に頼らないで発想で勝負するのです。

参考図書に限らないけれど、ひょっとしたらこの本に出ているかもと思いつくのは、何らかの根拠があるからだと思う。せっかく浮かんだ可能性なんだから、ありえないと感じても、できるだけ活用を考えてあげてください。

ところで昨日、肝心の参考図書である百科事典について一言も触れなかったのが気になっていたんだ」

「あ、私もちょっと気にしていました」

「百科事典は、あらゆる分野の知識を全二十巻とか全三十巻とかに凝縮したものだと思ってください。広く浅くわかりやすく取りあげていて、なおかつ信頼性と適度な詳しさがある」

「広く浅くか。昨日、私が見ていたような、ややマニアックな参考図書が特定の分野に限定しているのとは対照的ですね」

「百科事典には出ていない事柄もたくさんあるけどね。最新の話題とか、専門的すぎたり通俗的すぎたりする内容とか」

「昨日と同じように、あとで使い方を考えながら見ておきます。つぶやかないように注意して」

「一つの項目をいろんな辞典で引き比べてみても、違いがわかっていいかもしれないよ」

「百科事典はどんなときに使うのが効果的ですか。以前、百科事典を使って観点を見つける方法は聞きましたけど」

「網羅的に幅広く出ているし、きちんと書かれているから、どちらかといえば調べものの早い段階で百科事典を引いてみるのがいいかな。一般的な質問への簡単な回答でよければ、そのまま項目を示して終わりという手もある。

それから調査のとっかかりを見つけるのにも昔はよく使ったなあ。よくわからない漠然とした事柄を百科事典で確認して、だいたいの知識を得た上で、専門分野にあたって……」

「すみません、伊予さん。懐かしそうに話していますけど、昔はって、今ではそういう使い方をしないのですか」

「しないことはないけど、とっかかりを見つけるだけなら、百科事典を使わずにインターネットで検索してすましてしまうことが増えてきているなあ。

ああ、ちょうどいいからインターネットについてそろそろ話そうか」

「やった」

「おやおや、いつになくうれしそうだね」

「やっぱり現代の調べごとにはインターネットが欠かせないように思うのです。伊予さん自身も調べごとをするとき、パソコンを使っていることが多いですよ。ああでもないこうでもないと、それこそぶつぶつつぶやきながら、ねばって検索しているし……」

「よく人のことを見ているね。パソコンを使っているのはインターネットだけでなく蔵書検索のこともあると思うのだけど。

では、はじめに紙の情報とインターネットの情報の関連を考えてみようか。インターネット上の情報は実態がつかみにくいから、紙の資料に置き換えて説明していきます。

カウンターの上に『あかね市立図書館のご案内』ってパンフレットがあるよね。その隣には『あかね市立図書館通信　8月号』が置いてある。どちらも同じ内容が、あかね市立図書館の公式サイトにも出ている。レイアウトなんかは違うかもしれないし、公式サイトの方には先週決まった最新のイベントとかも出ているけど、基本的にはほぼ同じ内容」

「違った内容では困りますよね」

「この場合、紙で伝えていた内容をホームページに置き換えただけだから。

あかね市役所の『あかね市民生活便利帳』とか『あかね市の統計』なんかも紙で印刷していたものを基にホームページに掲載している。企業のサイトでも、商品紹介や会社案内のパンフレットに、少し手を入れてホームページに掲載しているところって多いよね。最近はホームページに掲載にして、紙での発行をやめてしまったり簡略化してしまうケースもあるけど」

「私がよく使う、乗り換え案内とか地図の表示なんかは紙にはあてはまらないかも」

「時刻表や地図帳を加工したという捉え方もできると思う。もっとも今まで手間だったことが、インターネットだと簡単に調べられて便利だよね。検索する手段もたくさんあるし、他の情報と連動していたり、視覚的な工夫もいろいろできるし」

「ショッピングのサイトは、通販のカタログや広告に置き換えられそうですね。

友達が書いているブログなんかも、たまにチェックしているけど、何に置き換えられるのかなあ」

「そうだなあ……、仮に彩乃ちゃんがブログを作っているとしよう。タイトルは『図書館が教えてくれた発想法』でいいや」

「へえ、本当にできたら楽しそうですね」

「インターネットだったらブログに書き込んでアップするだけで、すぐ全世界に公開できる。けれどインターネットがなかったとしたら、彩乃ちゃんが書いた『図書館が教えてくれた発想法』を冊子にして世間に公開するには、原稿を印刷・製本して、同人誌や自費出版という扱いで、売ったり配ったりするのが一般的だろうね。よっぽど見どころがあったら出版社さんが刊行してくれるかもしれないけれど」

「私、パソコン関係は三日坊主だから、同人誌にすらまとまらないような気がします」

「同人誌といっても、ものすごく質の高いものから落書きみたいなものまでさまざまだよ。マンガ・小説・エッセイとか、趣味を突き詰めたり、本格的に研究していたり。彩乃ちゃんが三日坊主で投げ出したブログだって消去しなかったら中途半端な同人誌かな。個人やグループが作っているブログやホームページを紙に置き換える場合、そのホームページをプリントアウトして、ホチキスで綴じた冊子をイメージしてもいいや」

「三日坊主とか、いいかげんなものまで含めたら膨大な量になるでしょうね」

「そうしたものも含めて、個人やグループ、企業、団体、学校、自治体、政府なんかが作った膨大なインターネットの情報を紙に置き換えてから、超巨大な図書館の書架に並べてみるとします。仮に、インターネット図書館とでもいっておこうか。インターネット図書館では、冊子やパンフレットやチラシ、簡単な新聞・雑誌なんかの割合が圧倒的に多くなると思います。同人誌はもちろんミニコミ誌なんかも多くなるかな。今ある図書館の書架には並んでいないようなものがほとんどかもしれない。そういうインターネット図書館をイメージしてください」

「薄いものがほとんどで、背表紙を見て探したり書架に並べたりするのが一苦労な図書館をイメージできました」

「逆に今、あかね市立図書館の書架に並んでいる、きっちり出版社さんで編集されたような本は、インターネット図書館には並ばなくなります。少なくとも無料で全文は見られないものがほとんどでしょう」

「たしかに、タダで本を作っているわけではないし」

「それからインターネット図書館に並んでいる資料は、リアルタイムで更新されたり、新しく作成されたり削除されたりが、頻繁に起こります」

「本当に紙だったら差し替え作業や書架の調整とか、重労働でしょうね」

「だからかどうかは知らないけれど、インターネット図書館では現実の図書館の本みたいに、すべての資料を分類ごとにきちんと整理して並べることは、たぶんしていません。

そのかわりインターネット図書館では、索引を自動で作って検索できるようになっています。今ある本の索引は一冊か数冊単位だし、採録されている言葉も限られるけれど、インターネット図書館では、図書館中に並んでいるすべてのページのすべての文字が検索の対照。もちろん調べごとにも絶大な威力を発揮するんだけど……、検索の具体的なことについては、また明日ね」

「なんだ、それを楽しみにしていたのに」

「一晩寝て、インターネットについての理解を定着させといてください。

検索で一番必要なのは言葉のセンス。だから前提として、インターネットはこれまでの文字の文化の延長であるということを理解してもらいたかったし、インターネット情報を図書館に並べて視覚化すると、どんなイメージになるか話しておきたかったんだ。

僕はインターネットの普及前に調べごとを学んできて、なおかつ図書館員だから、図書館を通してインターネットを理解してきた。自分のインターネットの使い方も意識・無意識を問わず図書館での調べ方が反映されていると思う。

それに、まだインターネットは芽が出たばかり。今は、既存の紙の情報をそのまま置き換えていることが多いと思う。でも、これからもそうであるかどうか、インターネットがどんな進化をとげていくかわからない。最近の、衛星写真を自由に見られるサイトとか、仮想都市空間のサイトとか、必ずしも文字に頼らない情報、インターネットならではの新たな情報の創出も始まりつつあるようだ。

僕には想像もつかないけれど、これからどうなるものでしょうね、彩乃さん」

「直接、脳内に情報が流れてくるとか」

「お互いが生きている頃には無理そうだな。そんな時代には、あかね市立図書館は消えているような」

「はは、まさか。今日の話って、インターネットの情報を目に見えるようにしたり手にとれるようにしたりして、きちんと書かれたものを選んで、分野ごとにわかりやすく並べたのが、あかね市立図書館だってことですよね。インターネットの世界を体感できるんですよ。そんな楽しくて便利な空間、消えてしまうわけないじゃないですか」

「……ありがとう」

インターネット図書館をスーパーにあてはめると こんな感じだろうか。
とにかく
世界中のあらゆるものがある
中には入れない
バラバラに並んでいる
物はすぐ入れかわる
受付
静岡産のうなぎをください。
はい たくさんあります。
受付
売れている順番に出ておりますよ。
う う う う
便利なような
そうでないような。

インターネット検索は言葉の力です

8月13日（金）

「彩乃ちゃん、それではインターネットの検索について話しますが、インターネットの検索については、検索の本がたくさん出版されています。そういう本を参考にするといいでしょう。以上」

「えっ、それでおしまい」

「本当におしまいにしてもいいんだけど、図書館員の僕なりに気付いたこともあるので、書架に並んでいる検索の本とは少し違った切り口で話ができるかもしれません」

「かえって期待してしまいます」

「まず、インターネットの検索のコツは言葉の選び方。昨日、説明したことを思い出しながら聞いて欲しいんだけど、インターネットの空間には膨大な言葉が蓄積されている。その言葉の中から、必要な情報を言葉で射抜くようなものかな。

例えば、そうだなあ……、「あかね市立図書館」って言葉で検索したら「あかね市立図書館」という言葉が含まれているサイトがヒットするよね。万が一、あかね市立図書館の公式サイトだけど、あかね市立図書館という言葉が一言も使われていなかったら、そのサイトは検索の対象から漏れてしまうかもしれない」

「検索は言葉を一致させているということ」

「うん。自動的に言葉を置き換えて検索してくれることもあるけど、基本的にはそのページで用いられている言葉が検索の対象になる。「あかね市立図書館」という言葉が使われているサイトを引っかけたいときに、「あかね市情報ライブラリー」で検索しても「茜市民中央図書館」で検索しても、すんなりとはヒットしない。当然「あかね市立図書館」をキーワードに検索すると一番ヒットする確立が高くなる」

「あ、私も勘違いした言葉で検索して、探しているサイトがヒットしなかったこと、よくあります。この間、お店の名前、「キャッツ招《しょう》」なのに「キャッチ章」って検索したり……」

「あかね市立図書館の公式サイトには「調べもの」という言葉があるけど「レファレンス・サービス」という言葉は使われていない。だから「あかね市立図書館 レファレンス・サービス」で検索しても、あかね市立図書館の公式サイトはなかなかヒットしないと思うけど、「あかね市立図書館 調べもの」ならたぶんヒットする。必要な情報を含んでいるサイトには、どんな言葉が使われているのかをイメージして、その言葉を狙って検索する感覚が必要」

「射抜くとか、狙うとか、面白い表現ですね」

「うん、言葉をピンポイントに探す感覚だから。

二千円札が出た頃、二千円札に関する問い合わせを受けて「二千円札」って検索した。もちろんたくさん検索結果が並ぶんだけど、どういうわけか日本銀行の公式サイトが見つからない。なぜだと思う。日本銀行では二千円札といわずに、二千円券や二千円日本銀行券というのが正式だから。当時、日本銀行の公式サイトでは、二千円札という言葉が使われていなかったみたい。二千円券で検索すれば、一発で日本銀行のサイトがヒットしたよ」

「二千円券をキーワードにした方が、公式なサイトに絞れていいかもしれませんね」

「その感覚はいいです。絞れるキーワードを思いつくと便利。

これは僕がよく使う手。ある事柄について、どんな本に出ているのか知りたいとするよね。図書館の仕事では日常的によくあるケース。

前に「ホタルゴキブリ」について知りたいと質問されました。もちろん何のことかわからない。「ホタルゴキブリ」でインターネットを検索すれば、それなりに説明も出てくるけれど、図書館としてはホタルゴキブリが出ている本にどんなものがあるのかを押さえておきたい。そんなとき、「ホタルゴキブリ ＩＳＢＮ」って検索すれば、ホタルゴキブリに関する本がヒットするよ。試してごらん」

実際に〈Google〉で検索してみると、『世界珍虫図鑑：改訂版』（柏書房）という本の紹介がヒットした。本の情報のところには「ISBN 978-4-7601-3168-6」、本の内容を説明した文章には「オオカブトムシ、ジンメンカメムシ、ホタルゴキブリ……。２００２年発見の新種マントファスマを含むすべての昆虫の目（もく）を網羅した昆虫ファン必携の一冊」と書かれている。

「さて、ホタルゴキブリについて書かれている本の情報が、なぜヒットしたのでしょうか」

「この検索された本の紹介のページに「ホタルゴキブリ」と「ＩＳＢＮ」という言葉が含まれています。そこが検索した言葉と一致したからヒットしたんですね」

「そう。ＩＳＢＮって国際標準図書番号のこと。世界中の本を特定するための番号。本のカバーとか見るとわかるけど、ほぼすべての本に印刷されている。まあ業界用語かな。そういう一般的にはなじみの薄いＩＳＢＮまで書いてあるサイトなら、きちんとした本の情報を伝えているものが多いというイメージがあったわけだ。個人の読書記録や本の雑感には、めったにＩＳＢＮまで書いていないからね。だからＩＳＢＮを含めて検索すると、わりとしっかりした図書の情報に絞りやすくなるんだ」

「おお、これは技ですね」

「自分が求める情報は、どんなホームページに出ているかをイメージする。そして、そこのページに使われていそうな言葉を考えて検索すれば、イメージしているホームページを引っかけられる可能性が高くなる。

では、もう一つくらい調べ方の実例を。

大豆から作るプラスチックについて知りたい、という調べものを受けたとする。

そのまんま「大豆 プラスチック」と検索しても適当な情報はヒットするけど、何だかたくさんの検索結果が乱雑に並んでいて、よくわからない印象がある。で、その並んだサイトをたらたらと見ていると「生分解性プラスチック」や「植物性プラスチック」という言葉が見つかった。今度はキーワードを変えて「生分解性プラスチック」で検索してみると、わりとしっかり説明があるサイトが並ぶ」

「大豆とかプラスチックより、専門的な言葉だからですね」

「そのとおり。余談だけどある言葉の説明を探すときには「生分解性プラスチックとは」って「とは」まで含めて検索すると、生分解性プラスチックとは何か説明が書いてあるサイトがヒットする。なぜなら「とは」って、その前にある単語を説明する接続詞だから。これは比較的有名なテクニックだし、検索の本とか読めばたぶん紹介されていると思うけど」

「へえ、言葉の使い方って面白いな……」

「話が脱線しました。そうこうして生分解性プラスチックの説明を見ると、大豆も含めた植物由来のプラスチックらしいことがわかる。ここまで来ると生分解性プラスチックについておおよそのことがつかめたから、本でも調べやすくなる。さらに、バイオマスプラスチックとか関連用語も見つかるから、それを新たなキーワードにして検索を進めることもできる。

あと、検索している途中で気がついたんだけど、大豆だけでなく、おからというキーワードも有効だった。おからの再利用みたいな観点からも研究が進んでいるみたいだから」

「おからか……、ちょっとした言葉探しゲームみたい」

「言葉探しゲームの感覚でとらえられれば、うまく検索できるようになると思うよ」

「書かれていることをイメージしたり、手がかりを得ながら進めていくのは、本の調べものと近い感覚かも」

「僕がインターネットの画面とにらめっこしながら、あれこれ検索しているときって、たいてい検索した結果から手がかりの言葉を見つけつつ、この言葉で検索したらどうなるかな、こっちの言葉に置き換えてみようとか、言葉を変えたり加えたり減らしたり、言葉のやりくりをしながら検索していることが多いように思う。

たくさんヒットしすぎるから専門的な言葉に置き換えて検索結果を絞ろうとか、専門的すぎるから一般的な言葉に置き換えて検索結果を広げようとかするのも、前に説明した絞る発想法や広げる発想法と似通っているところがあるかもしれない。他にも、観点の違う言葉を見つけて掛け合わせてみたり、いろいろ」

「インターネットの検索に図書館での調べ方が応用できるのか……」

「図書館員って、日々、本とか雑誌とかを手にしているから、この情報にはこんな言葉が含まれているだろうなってイメージしやすいポジションにいると思う。生分解性プラスチックという言葉が含まれる情報だったら、どんな感じなのかなとかある程度イメージできる。そういう部分が検索のセンスにもなっていると思う。

まあ、図書館員でなくても、日々の新聞に目を通したりして活字に親しんでいれば、検索のセンスは十分に養われると思うけど」

昨日、インターネットの情報を図書館に置き換えて考えるところから説明を始めた伊予さんの意図が何となくわかった。探している情報がどんな本や雑誌に出ているかイメージして、そこにはどんな言葉が使われているかと理解すれば、検索は楽になりそうだ。

満足気な表情をしている私に、伊予さんが真面目な口調で語りかける。

「インターネットの検索も常に進化している。例えば検索した言葉を、関連するキーワードに自動的に変換してくれたり、類似するキーワードの候補を並べて検索の手助けをしてくれるようなサイトも増えている。そう簡単には進んでいないみたいだけど」

「ふーん。でも、どんなインターネットになっても、自分で考えて発想しなければ情報は見つけられないと思います。私、この図書館で働いて、それがよくわかりました」

「インターネットが図書館の業務に使われ始めた頃のことだけど、図書館員を対象にインターネット検索の簡単な講演をしたことがあるんだ。講演後、回収したアンケートを見せてもらっていたら「インターネットの検索も頭を使うものだとわかってよかった」という感想があったんだ」

「何かうれしくなるコメントですね」

「うん、……ところでコンピュータがこんなに普及したのに、どうして仕事は楽にならないのかって疑問に感じない。コンピュータは人間を楽にさせてくれるものだと思っていたんだけど、むしろ忙しくなった気がする。いつになったら昼過ぎまで寝てから出勤できるのかな」

「肝心のコンピュータ会社の皆さんが深夜まで働いているみたいですから、伊予さんが恩恵を受けるのは当分先でしょう。世の中、便利にはなっているし。それに伊予さんの仕事はコンピュータに置き換えられない仕事に思えます。がんばってくださいね♥」

私の13日の金曜日

ホタルゴキブリが気になったので
『世界珍虫図鑑：改訂版』（柏書房）
を見たらとても楽しかった。

せっかくだから虫の本を何冊か借りて帰った。

虫の本て自分の部屋で1人で見るとリアルな
描写だったりして少し嫌だな
と思っているところに部屋の片隅で…。

蔵書検索にもコツがあります

8月14日（土）

カウンターから戻ってきた伊予さんがいう。

「つい先ほど『東京都水道百年史』を見たいというお客様がいらしたんだ。ところが蔵書検索をしたけれど該当する本がヒットしない。以前、この図書館で見たことあるのにどうしてだろう、というご質問。

こういうのはよくあることで、少しキーワードを変えて検索したら『東京近代水道百年史』（東京都水道局）という本があった。お客様に確認してもらったところ、その本でよかったということでした」

「ちょっとした書名の勘違いだったのですね」

「勘違いってよくあるし、自分自身だってしょっちゅうやる。勘違いをなくそうというのは無理かもね。で、彩乃ちゃんにも、多少の勘違いには動ぜずに対処できるようになってもらいたいし、何より本を的確に検索できるようになってもらいたいから、本の検索についてのコツを教えておきます」

伊予さんと私はパソコンの前に座る。伊予さんはインターネットであかね市立図書館の蔵書検索のページを表示した。

「見てのとおり、いろいろな項目から検索できるようになっています。といっても一番よく使うのは書名からの検索だと思う。図書館によっては全項目からも検索できるから、それを選択してもいいけど」

「カウンターにいらっしゃるお客様を見ていると、この本ありますか？　という質問だけではなく、このテーマの本はありますか？　という質問も多いようです。その場合も書名から検索しているのですか」

「ケースによるけど書名からの検索が多いと思う。ただしお客様がいったとおりの言葉ではなく、書名に使われていそうな言葉を選ぶのがポイント。この点は、インターネットの検索と少し共通点があるよね」

「昨日の説明してもらったインターネットの検索のときみたいに、言葉を一致させて検索しているからですか」

「そういうこと。本のデータがあって、そのデータに使われている言葉が検索の対象だから、そこにない言葉は引っかけられない。

もっとも蔵書検索のシステムで多少の同一認識ならやってくれることもあるみたいだね。例えばデジカメと検索したらデジタルカメラと書名につく本もヒットするとか、ギリシアと検索したらギリシャもヒットするとか。だけど、どの言葉をどう認識してくれるかは定かでないので、言葉を一致するように心がけて検索した方がいいと思う。

それから、多くの図書館ではデータ作成業者から本のデータを買っているのだけれど、どの水準の項目までデータを契約しているのかとか、どこまで検索に反映しているシステムなのかとかは図書館によってまちまち。例えば目次の部分まで検索の対象にしていれば目次にある言葉からも検索できるとか。

まあ、基本はどこの図書館でも間違いなく検索できる書名かな。ということで彩乃ちゃんには、まず書名からの検索を押さえておいてもらいたいと思います。その方が汎用できるので。

では、さっきの例を応用して「以前この図書館で見かけた東京都の水道の歴史についての本を探している」という質問を受けたとします。彩乃ちゃんなら、どういうキーワードで蔵書を検索する」

「質問のとおりに検索すれば「東京都」「水道」「歴史」というキーワードかな」

「それだと結果的に『東京近代水道百年史』は引っかからないよね。

検索しても適当な本はヒットしないとき、「歴史」はいらないかな、「東京都」ではなく「東京」ではどうだろう、と検索結果をにらめっこしながら、キーワードを変えていくことになる。この場合「水道」という比較的固定したキーワードがあるから楽だけど」

「ヒットしないときは、なるべくシンプルな言葉に置き換えた方がいいのかな。悩みそうだけど」

「悩みながらあれこれ検索していけばいいんだよ。シンプルな言葉でヒットしすぎたら言葉を変えてもいいし。探そうとしている本をイメージして、その本の書名に使われていそうな言葉で検索するって感じかな。

注意しなくてはいけないのは、今の場合は『東京近代水道百年史』という内容の反映された書名がついているからわかりやすかったけど、仮にこの本の書名が『都民とともに、うるおいの一世紀』とかだとすると、書名からの検索でヒットさせるのは不可能に近い。背表紙のところでも説明したけど、わかりやすい書名がつけられていないこともあるから」

「そうでしたね。あ、『電顕入門ガイドブック』でしたっけ。あの本は「電子顕微鏡」で検索してもヒットしないのか」

「そうなるね。では、どうするか。著者や出版社などがわかっていれば、書名以外からの検索というのも有効だけど、必ずしもわかっていないことが多い。

もし検索している場所が図書館内だったら、検索機にへばりつかずに書架を見にいった方が早いこともある。お客様の探している本が蔵書検索ではヒットしないけれど、検索している途中で水道の本は何冊かヒットする。近い内容だなと思ったら、分類番号をメモしておいてその書架に直行、とか。

少しまとめると、まず質問を受けて蔵書検索、だいたいの分類番号をメモしておいて、お客様と一緒に棚に向かう。お客様がどんな情報を必要としているのかを聞きながら歩いて、目的の棚についたら前後に並んでいる本を見つつ、お客様の役に立ちそうな本を何冊か抜き出す。そんなの一日何度もやっているけど」

「接客のプロっぽい感じがします。いや、プロなのか、失礼しました。蔵書検索にもコツが必要だってことがよくわかりました」

「コツも何も考えずに、調べているズバリの言葉をとりあえず蔵書検索してしまうというのも、けっこう有効だったりするけど。

日本にワンマンバスはいつ頃導入されたか、という質問を受けました。そんな書名の本ないよなと思いつつ、何気なく「ワンマンバス」という言葉で蔵書検索したら、何と『身近なモノの履歴書を知る事典 アイスクリームからワンマンバスまで』（日刊工業新聞社）という、この上なく都合のいい本がヒット」

「おお、検索した本人の方が驚きそうですね」

「たしかに驚いた。と、そんなこともあるから、ワンマンバスについて知りたいといわれたとき、ワンマンバスで蔵書検索してしまうような、とりあえずの蔵書検索は有効なんだ。ズバリの本がヒットしなくても関連する本がヒットして、そこをとっかかりにして調べごとが進むかもしれないからね。

今のはうまくいった例。うまくいかない蔵書検索の例も紹介します。

ゼオライトという鉱物について、だいたいのことが知りたくて「ゼオライト」で蔵書検索したところ、ゼオライトの本が何冊かヒットしました。でも、彩乃ちゃんならもう気がついていると思うけど、ゼオライトという言葉が書名につくような本は」

「難解な専門書であることが多いような……」

「そう。おまけに人工ゼオライトとかの専門書だったりすると、調べている趣旨とも違っていることになる。それで混乱して調べるのをあきらめてしまうお客様もいるんだ」

「簡単にわかればいいのなら、鉱物の図鑑とか百科事典を見れば十分なのにね」

「そういう切り替えができない方は、案外多いよ。

　昨日、パソコンの前で蔵書検索をしながらしばらく迷っていて、がっかりして帰ろうとするお客様がいる。声をかけたら大動脈蛇行《だこう》という症状を知りたいんだって。それで、大動脈蛇行で蔵書検索しても出てこないから、この図書館で大動脈蛇行のことはわからないのだと思い、帰ろうとしたんだって」

「書名に出ていなくても、医学の本をめくっていけば出ているかもしれないのにね」

「うん、そうそう。それにしても、さっきから話していてわかるんだけど、彩乃ちゃんはずいぶんと調べもののコツを飲み込んできたね」

「ありがとうございます。そういわれると自信になりますが、今日の私、寝不足だけど妙に頭が冴えているのです。ハイテンションというべきか。昨晩、ある事情で部屋の大掃除をしたから気分転換できたのでしょう……。

　ところで蔵書検索の画面には分類番号という検索項目もありますが、分類番号から検索することはないのですか」

「他の項目と掛け合わせたり、検索結果を絞り込んだりするときにはよく使うけど、分類番号だけで検索することは、僕の場合あまりないかも。実際に棚を見にいった方が早いから。分類ってきっちりそこだけに収まっていないことが多くて、前後を見ないと見落としがありそうだし。ただ、よその図書館の本を検索するときとか、家から図書館の本を検索するときには有効だと思うよ。その分類番号の棚には、どんな本があるのか簡単にわかるわけだから。前後の分類番号にも関連する本があるかもしれないことは、常に念頭に置いた上でね。

その他、文学作品は題名がわからないと探しにくいから著者名で探すことの方が有効とか、本の情報が漠然としている場合は刊行年も加えて絞りながら検索するとか、蔵書検索のノウハウはいろいろあります。

図書館でのお客様を見ていると、一つの言葉で蔵書検索して適当な本がヒットしなかったら、この図書館にはないのだろうとあきらめてしまうことが多いような気がします。キーワードは置き換えられないか、実際に書架で何か見つからないか、そのくらいまではねばってもいいように思うな。彩乃ちゃんも、適度にあきらめないようになってください」

夕陽が沈む。宵待草の咲く川辺の道。

魚釣りをしている人がいる。

川の中に魚はいるのかな…水の中は見えないけど。しばらく眺めていると釣り人はエサをつけかえたり、投げる場所を変えたり工夫している。魚の立場で考えているのかな。


インターネットの検索も蔵書の検索も私の都合だけではなく、モニターの向こう側にある情報も考えろってことかもね。

情報の信頼性を見抜きます

8月17日（火）

「ここ何回か検索について話したけど、図書館に寄せられる定番の質問の一つに、難読な語句の読み方というのがあります。これはインターネット検索で格段に楽になったなあ。例えば、彩乃ちゃん。これ読める？」

伊予さんはメモ用紙に「陸鹿尾菜」と書いた。

「りくしかおな……、何だろう」

「僕が新人だった頃、お客様から中華料理のメニューで見たとかいわれて、さんざん頭をひねって、料理の辞典とか漢和辞典とか中国語の辞書まで調べて、結局、ある食材の辞典の巻末に漢字の画数から引ける索引がついていて、やっとわかったんだ。今だったらインターネットで……」

伊予さんが「陸鹿尾菜」と打ち込んで検索すると。

「へえ、「おかひじき」って読むんだ」

「インターネットで読めない漢字を入れて検索すれば「陸鹿尾菜（おかひじき）」みたいに、難読であるほど読み方をつけて書いてあるから、調べるというほど難しいことではなくなってしまった。あとは念のため国語辞典なんかで確認しておけばいいだけ……。あ、信頼性の確認についても一応、話しておこうか」

「よく聞きますよね。インターネットの情報って嘘が多いとか」

「そういわれてるよね、インターネットは間違いが多いから本の方が安心だとか。インターネットの情報もそれほどひどいものばかりではないし、普通に気をつければ十分に使えるんだけど」

「でも伊予さん、今の陸鹿尾菜は国語辞典で確認した方がいいんですよね」

「図書館員の感覚だと、お客様へ信頼できる情報を提供しなければいけないから、同じ情報が拾えるならば、やっぱり本で確認しておきたいかな。とはいっても個人的に日常生活でふと疑問に思ったことならインターネットで調べて納得して、ああそうかで終わりだよね。現実的に」

「自宅でわかるのなら、いちいち図書館までいって確認しないですよね」

「夏休みの絵日記の天気欄を夏休みの終わりにまとめて記入するのだって、僕らが小学生の頃は図書館で新聞を確認していたけれど、今時そんなことしないよね。インターネットですぐわかるし、別に論文を書いているわけではないから。もっとも大学生が卒論を書くのに、信頼性を確認しないままインターネット情報を疑いなくコピーするとかいう話は、どんなものかなと思うけど」

「私の友達も、そんなことやってゼミの教授に注意されたっていっていましたよ」

「大学で習うことって卒論に集約されるんだけど、卒論って大発見を求められてはいないから。自分でテーマを決めて、きちんと調べて真偽を検証して、自分の意見として組み立てられればいいのだと思う。大学って知識よりもむしろ、そのプロセスを習得するところなのかなって、卒業してからしばらくして気がついた」

「真面目なお話ですね。私の友達にも今度伝えておきましょう。ところで図書館員流の信頼性の見分け方ってあるのですか」

「……ないかも。図書館員とか関係なく一般常識のような気もする。

まず前提だけど、基本的に図書館員は受けた質問に対して「ここには、こう書いてあります」という回答の仕方しかできません。本でもインターネットでもいいんだけど出典を示すのが原則。図書館員個人の解釈では答えられないという意味」

「いわれてみれば伊予さんは、いつもどこかを示してお客様に答えていますね」

「うん。仮に質問されたことについて知っていても自分の知識で答えずに、出典を探して答える。だからこそ正しい出典を提示しなくてはならない。

ところが間違いは何にでもある。インターネットだけではないよ、本や雑誌、立派な辞典だって間違いはある。誤字誤植だったりデータが古くなっていたり、まあいろいろ。

例えば、AとBという学説があって、その本の執筆者はAの学説を絶対的に信じているからBは無視してAしか書かなかった。でも実はBの方が正しいかもしれない」

「そういうことって、ありそうですね。どうやって確認するのですか」

「難しいけど……。図書館員は司書資格の講習や新人研修なんかでは、複数の資料で確認することを教えられるなあ。それが信頼性を確認する基本かも。一冊だけでは間違いかもしれないけれど、他の本にも同じことが書いてあったら正しいだろうって。

インターネットで検索するときも、同じことを書いてあるサイトが複数あるかとか、本や雑誌・新聞と併せて確認してみるとか。より信頼性のおける情報で裏付けするのがポイントかな。インターネットの場合、噂が重なって、あちこち同じことばかり書かれて、信憑性を帯びてしまうということもあるけど」

「何だか図書館の人は疑り深そうですね」

「間違った情報をお客様に提供できないから。もっとも仕事と関係なくても、その情報は本当に正確かという疑問はいつも持っておいた方がいいよ。彩乃ちゃんだって「百万円をプレゼントします、ここをクリック」って身に覚えのないメールが来ても、信じないよね」

「削除しておしまいです。……失礼ですけど、伊予さんはインターネットの情報にだまされたことがありますか」

「図書館員としてはたぶんないと思うけど、自分が気付いていないだけで絶対にないとはいい切れないな。個人としてだったら「今週末にApple社の新製品が発表される」とかいうインターネット上の噂を何となく期待して待っていたけど、結局、新製品は出なかったとか、そのくらいならあるかな。それだって最初から怪しいなと思っていたくらいだから、だまされたというわけではないけれど」

「怪しいなと思えた理由はなぜですか」

「オフィシャルなApple社の情報ではなかったから。そうだな、情報をどこが発信しているのかというのも信頼性を見分けるポイントだね」

「本だったら出版社の部分ですか」

「うん。政府や自治体のサイトに出ている情報だったらまず問題ないし、企業のオフィシャルサイトに出ている情報もそのとおりなんだろう、大手の新聞社やマスコミなんかのサイトも信頼性がおけるとか。

これはインターネットだけではなく本や雑誌でも同じ。どういう傾向の出版社なのか、文章を書いているのはどういう人かとか……。

きちんとした情報を発信しているところって、結局、発信元がインターネットでも本でも同じだったりするから。そういう意味では、図書館員なりに鼻が利くところもあるかも。

インターネット情報は見た目としてはタダだけど、きちんとした信頼性のおける情報は、会員制とか有料の場合があるってことも頭の片隅に置いといてもいいかもしれない。

いつかいったけど、インターネットの情報を図書館の資料に置き換えたら、同人誌とかの位置づけのものが多いから、質の高いものもあるけど全体としての信頼性は薄められるんだよね。そうした情報も調べものに活用しているけど、それは手がかりみたいなもので、より信頼のおける情報で確認してから回答することがほとんどだな」

「そういえば、この間、この図書館の近くの、まんぷく亭がまずいって書いてある個人のブログを見ました。ぷんぷん」

「まずいとかうまいって個人の主観だからね。それに、まんぷく亭の定食やカレーはみんなおいしいっていうけど、チャーハンは極めて特殊な味だからまずく感じる人もいるかも。たまたまその人が食べたのがチャーハンだったらまずいって書いても別に不思議はないような……」

「はあ、チャーハンだけはやめた方がいいって、味には間違いのない石尾さんをはじめ皆さんにいわれて、まだ食べたことないや。まんぷく亭のチャーハンはあんまり評判よくないですね」

「調べものをするときはできるだけ元の情報に遡《さかのぼ》って確認しておいた方がいい。今日の昼は、まんぷく亭でチャーハンを食べておいで。普通のチャーハンではなくスペシャルチャーハンの方ね。身をもって出典を確認することになるであろう」

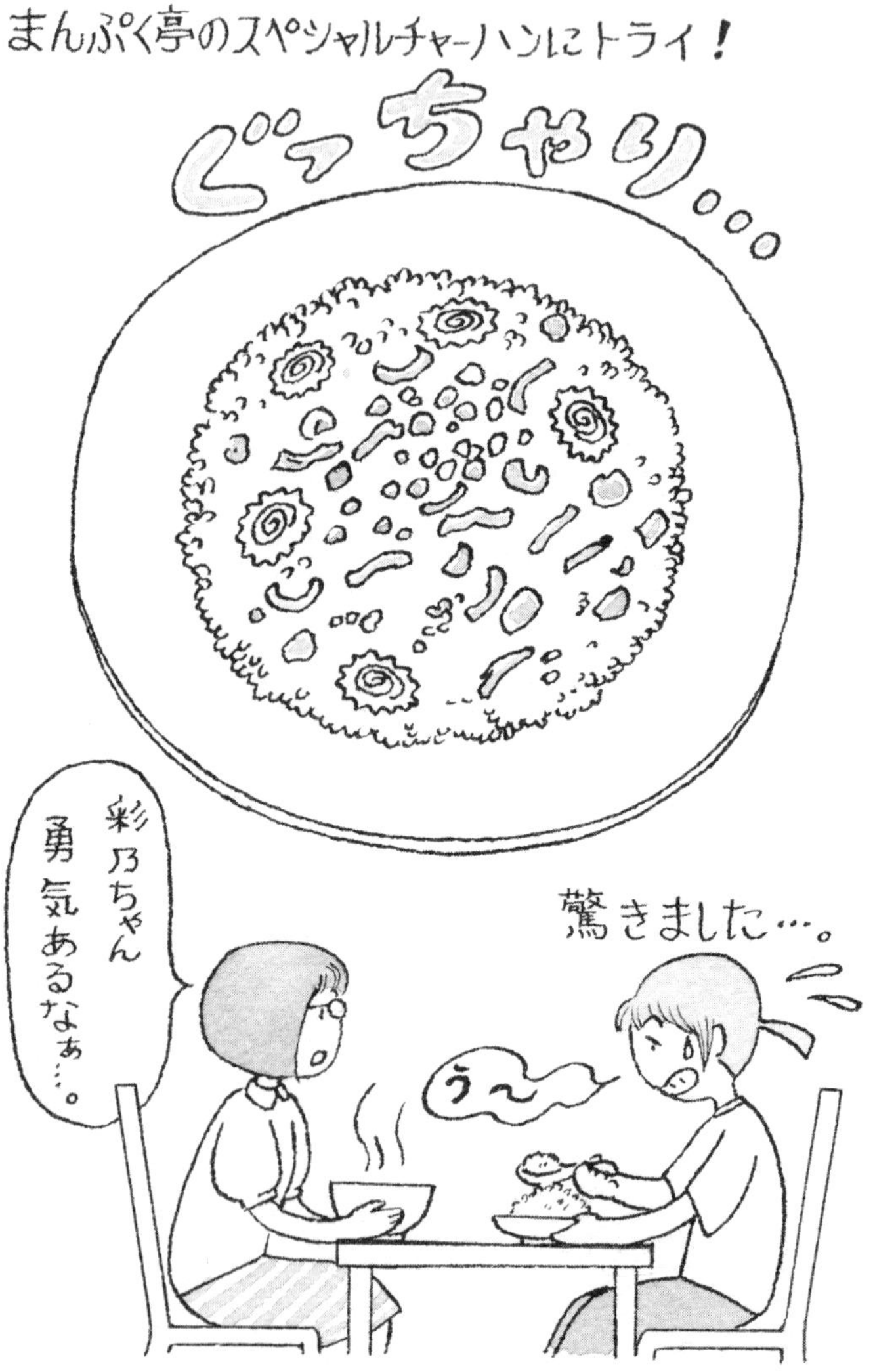
まんぷく亭のスペシャルチャーハンにトライ！
ぐっちゃり…。
驚きました…。
う〜
彩乃ちゃん勇気あるなぁ…。

情報にも旬があります

8月19日（木）

「伊予さん、その小さい緑色の本は何ですか」

「これは、東洋文庫の『和漢三才図会《わかんさんさいずえ》』（平凡社）。いわば江戸時代の百科事典で、当時のさまざまな事柄を絵入りで網羅しているから調べものに重宝するよ。今、調べているのは「江戸時代の文房具には、だいたいどんなものがあるか」って質問。まあ、こんなものかな。他にも『古事類苑』とかあるけど、全訳だから『和漢三才図会』の方がわかりやすいかなとか思って……」

私は何冊か並んでいる『和漢三才図会』から一冊を手に取った。たまたまその一冊には、いろいろな動物が絵入りで出ていて楽しい。

「江戸時代の人は、こんな風に動物をとらえていたのですね」

「実在しない動物もいるよ、妖怪なんかも含んでいるし。江戸時代の人たちは存在を信じていて、普通の動物と一緒の項目にしたのだろうね。江戸時代といっても『和漢三才図会』は18世紀初頭のものだけど……」

私が面白がってめくっていると、伊予さんは思い出したように

「そうか、時間の話をしておこう」といった。

「えーと、彩乃ちゃん。今、『和漢三才図会』の動物のところを見ているよね。なるほど「牛」の項目か……。もし、この図書館で「牛の生態について知りたい」という質問を受けて、お客様に『和漢三才図会』で答えたらどうなる」

「えっ、この本は江戸時代の本だから、あんまり科学的ではないと思いますけど。ざっと見ているだけですが本当かなって思える内容も書かれていますよ。例えば「牛は耳が聞こえず鼻で聴く」だって」

「では、江戸時代の人が牛をどう見ていたのか知りたい、という質問だったらどうする」

「この本をお渡しするかな」

「それでいいんだけど『和漢三才図会』は18世紀の初めに大阪の医者の寺島良安という人がまとめたもの。同じ時代の九州の猟師さんが考えていた牛とは受けとめ方が違うかもしれないし、江戸時代の初期と幕末だったら動物の知識も認識も違うかもしれない」

「江戸時代といっても一括りにはできないのか」

「今の時代だって一括《ひとくく》りにできないことは多いんだ。そうだなあ……太陽系の惑星の定義が変わったって話、知っている？」

「はい。冥王星が惑星ではなくなったという話ですよね。２００６年の天文の会議か何かで決まったとか。最近の話題だから覚えています」

「今朝、小学生が太陽系の惑星のことを調べに図書館に来たとします。その子が児童コーナーにある百科事典を引いたところ、惑星は、水星・金星・地球・火星・木星・土星・天王星・海王星・冥王星と説明してあったので、そのとおりにノートに写しました。でも、冥王星は現在、惑星と定義されていません。さて、その子の調べものは間違っていますか」

「間違っているというには、あまりに可哀想ですね」

「図書館にある百科事典にはそう書いてある。だから、その子は間違ってはいない。かといって百科事典が出版された当時、冥王星は惑星だったから百科事典が間違っているわけでもない」

「図書館員に質問してくれればよかったのかな」

「冥王星のことくらいだったら、ニュースや新聞でたくさん取りあげられたから僕も彩乃ちゃんも知っていたけど、報道されないような変更とかもあるかもしれない。それだったら僕も彩乃ちゃんも気付かない。

何も科学や技術だけの話ではないよ。歴史だって、遺跡が見つかったり古文書が見つかったりしたら、これまでの解釈が変わってしまうことだってあるしね。国宝の仏像が解体修理されました。作者の仏師を書いた銘文が発見されました。それまでの本に書かれていた説とは違っていました、とか」

「だったら、やっぱり新しい情報を探すのかな。……インターネット?」

「インターネットならば本よりも情報の更新は早いけれど、更新されていないホームページだってたくさんあるだろうし、何より情報の信頼性は本に劣る」

「一長一短、難しいですね。それで伊予さんはお客様に調べものの回答をするとき、どうしているのですか」

「新しい情報に変わっていそうなものを回答するときは、いつの時点ではこうです、とか一言付け加える。例えば統計とかは必ず。

比較的、新しい情報で回答するのも有効。いつか牛について百科事典で観点を見つけたけど、近年話題になった食肉の安全性なんかは出ていなかったよね。時事関係のことを知りたいときは、百科事典より毎年刊行される『現代用語の基礎知識』（自由国民社）の類いの方が役に立つ。

あとは前もいったけど、複数の資料で確認をとったり、本とインターネットを合わせて確認したり。そのくらいかなあ……。

調べものをするとき、情報は変わる可能性があるものだと念頭に置いておこう。とはいっても、いつもそんなことばっかり考えていたら調べものは進まないし、そう頻繁に事実が変わるわけではない。何となく怪しいなと感じたら、もっと新しい情報に変わっている可能性はないかって念のため確認する。そのあたりは図書館員の勘なんだけど。

時間と情報の話をもう一つ。情報の旬について。昔、ナタ・デ・ココとかいうお菓子がブームになったことあったよね」

「覚えています。私は子どもだったけど、ファミレスのメニューにも載っていて食べていたな。そういえば最近たまにしか見ませんね」

「それと同じで、話題になったりブームになったりすると、そのテーマの本がたくさん出版される。

図書館でもその中から何冊か本を買って受け入れる。やがてブームが去ると本は出版されなくなる。書店からも本は消える。しかし図書館に本は残る。

それから時は流れて、その話題について知りたいとかいう質問が図書館に寄せられる。そういうことは実際よくある。ここで調べるポイントなんだけど、ブームの当時にはたくさん情報が氾濫《はんらん》していた。だから、ブーム当時の情報にあたるというのは一つのやり方。ナタ・デ・ココだったら、ナタ・デ・ココがいつ頃ブームになったのかを調べて、その当時に刊行されたお菓子の本や、当時の新聞や雑誌の記事とか見たらナタ・デ・ココに関する記述がたくさん見つかるはず。

情報の旬はいつか、それが話題になったのはいつなのか、を考えて調べることも効率的」

「情報の旬という感覚はわかります。情報の旬が終わっても、情報が残っているのは図書館のよさですね」

「でも、旬の当時って情報が定まらないようなところも注意しないといけない。ナタ・デ・ココはすごくおいしい、体にもいい、その他いろいろ、ばーっと情報が流れるけど、ブームが去ったらそれほどでもなかったとか、事実は多少違っていたとかいうこともあると思う。

ブーム以後に刊行されて、冷静に分析された本を見るメリットもあるよ。日本での消費をあてにして生産地では過剰投資していたとか、ブームの当時にはあまり伝えられなかったことが書かれていたりする」

「知りたいことが、いつ頃のどういう情報なのかを押さえないといけないのか……」

「同じような例だけど、カリスマ経営者とかいるよね。仮称でＡＴ財閥の奥田さん。奥田さんが世間にもてはやされた頃は一種のブームで『奥田流、まごころの経営』とか本がたくさん出版されてベストセラーになったりする。それから間もなく、違法な経営が発覚してＡＴ財閥が崩壊したり奥田さんが逮捕されたりしたら、『奥田の闇を追求せよ』みたいな本が出版される。『奥田流、まごころの経営』には、奥田さんの業績をすべてすばらしく書いてあるのに、『奥田の闇を追求せよ』には、奥田さんの業績をすべて否定して書かれていたりする」

「不思議と身につまされる話ですね。いいところもあれば悪いところもあるだろうに。何だか奥田さんに同情してしまうな」

「外国のことは知らないけれど、日本ってブームに左右されやすい気がするな。せめて図書館での調べものの際には、どの時点の見方でどう書かれているのかを客観的に確認しておかないとね。

おっと、そういえば今日の話は、われわれにとっても人ごとではないのです。

川波係長が『図書館のプロが教える〈調べるコツ〉』（柏書房）という本に「三十年前にラジオで聴いた『ペスよおをふれ』の原作を読みたい」って調べものの顛末を書いたんだ。けっこう苦労して調べた事例だったんだけど、本が出てから半年くらいで『ペスよおをふれ：完全復刻版』（小学館クリエイティブ）が刊行された。今ではインターネットで検索すれば一秒でヒット、入手も簡単。身近なところにも、そんなことが起きるのです」

本宮さんから8月3日の花火大会の時の
写真をもらった。

花火か… 夏の旬、その1コマが写真に
残ったんだ。うれしいな。私にとって大事
な思い出。

とりあえずまだ夏。
旬をふり返るのはまだ早いや。
残りの夏を満喫するぞ。

● 8月22日（日）

わかりやすいのが児童書です

「彩乃ちゃんのバイトもそろそろ終わりだなあ」

「はい、8月いっぱいの契約です。毎日の十分間講座でけっこう調べる力が身についた気がします」

「たしかに調べる力はついたよね、話していてわかる。けれど図書館で調べものをする際に知っておいた方がいいことが、まだいくつかあるから、そのあたりも押さえておいてもらおう。そうだなあ、今まで触れていなかったところだと児童コーナーについてかな」

「児童コーナーですか。連日、子どもたちがいっぱい来て賑《にぎ》わっていますよね。夏休みの自由研究や宿題に関する案内で大変だって、担当の富士さんがいっていましたよ」

「もちろん児童コーナーは、子どもを主な対象にしているんだけど、大人の調べものにも対応できることは多いんだ。今日はそういう方面からの話をします。もし彩乃ちゃんに、児童書が子どものためだけの本という先入観があるのだったら捨ててください。誰に対してもわかりやすい本だととらえるといいかもしれない」

「考えたら私、この図書館でアルバイトを始めてから児童コーナーにはほとんど足を運んでいなかったな。だからかもしれないけれど、調べものと児童書がなかなか頭の中で結びつかないや」

「今まで一般の本を使った調べものばかり説明していたからね」

伊予さんはレファレンスの記録用紙をぱらぱらとめくった。

「では、今週の事例から。電子体温計の仕組みについて知りたい、という大人からの質問。彩乃ちゃんなら、どこを調べますか」

「電子体温計だけの本はなさそう。電子体温計は分類番号だと［53］の機械のどこかかな」

「正解。［54］の電気工学も候補になると思うけど。

彩乃ちゃんのいうとおりたぶん電子体温計だけの本はないだろうから、機械や電気関係の本を広めに探すのがいいだろうね。でも昨日、機械や電気関係の一般書の棚を見たけれど、電子体温計の仕組みが出ている本はあまり見当たらなかった。貸し出し中なのかもしれないけれど」

「うーん、『身近な機械の仕組み』みたいな本をイメージしていたんだけどな」

「へえ、その本ってどんな内容をイメージしてたの」

「身の回りにある機械をいくつか取りあげて仕組みをわかりやすく解説してある本。電子体温計とかデジカメとか電子レンジとか」

「まさにそうした本は一般書より児童書にあるんだ。児童コーナーの［5］で始まる工学の棚で見つかるから持ってきてごらん。児童コーナーにいく前に一般書のところを確認しておいてもいいよ」

いわれたとおりに、まず一般書の書架に立ち寄った。機械や電気の書架に並んでいる本は、私がイメージしていた本より堅い本のような気がした。

それから児童コーナーの工学関係の棚に。

……あ、そうそう、こういう本。私のイメージした本に近いな。それよりは字が大きかったりイラストが多かったりするんだけど。

何冊かめくった中で『大自然のふしぎ 道具・機械の図詳図鑑』（学習研究社）と『大解剖！「製品のしくみ」がよくわかる本』（ＰＨＰ研究所）に電子体温計が出ていた。前者は電子体温計の内部が図解で載っているしパーツや計測の解説もあった。後者はクイズ形式で体温をはかる仕組みが説明されていた。

刊行されたのは１９９５年と１９９８年。電子体温計が普及しはじめた頃だから取りあげられたのかも。情報の旬だったのかな……。

この二冊を持って事務室に戻る。

「ほお、いい本を見つけてきたね」

「児童書っていうと絵本がまず頭に浮かびましたけれど、それだけではなくずいぶん調べものに役に立つ本が多いみたい」

「うん。わかりやすいっていうのがポイント。電子体温計の仕組みだって本当は難しいことなんだろうけど、児童書の内容だったら彩乃ちゃんにも理解できるはず」

「一般書の棚に並んでいた機械や電気の本は、正直、何かとっつきにくかったです」

「児童書は子どもに対して書かれているから、大人にも理解しやすいことはいうまでもない。子どもが知りたいことって千差万別だけど、身近な不思議だったり本質を突いていたりするから、大人が疑問に感じていることと重なったりもする。写真や図版、イラストが多いことも特徴。写真や図が見たいという問い合わせに児童書が役立つことはけっこうあるよ。

それから、子どもに対して間違ったことは書けないから、内容がしっかりしている。執筆者とか監修者もその分野のエキスパートの方が多い。一言でいえば良心的な作りなのかな。最近は学校の調べ学習が広まって、調べものに対応できる児童書の刊行も増えているしね」

「へえ。児童コーナーってわかりやすい本を集めた、図書館の中にあるもう一つの図書館という感じですね」

「そうかもね、一通りの分野がそろっているし。調べものをする上では、あんまり子どもの本・一般の本って区別は必要ないのかもしれないね。

以前、絵本も含めた児童書を、一般書の各コーナーに並べて「童心に戻ろう」っていう企画をしたら、並べた本がすぐに借りられて補充に大変だった。児童コーナーには大人が入りにくいのかもしれないけれど、児童書自体には大人のニーズもあるような気がするな」

伊予さんは立ち上がるとカウンターの脇にいき、返却本の山の中から『オクラの絵本』(農文協)という絵本を抜き出して戻ってきた。

「この絵本は「そだててあそぼう」シリーズといって、野菜や果物なんかを一冊に一つ取りあげている。もう70冊以上は刊行されているはず。さて、彩乃ちゃん、この『オクラの絵本』はどんな内容だと思う」

伊予さんは『オクラの絵本』の表紙を私に向けた。

「表紙がかわいいな。オクラの何とかちゃんの不思議な物語、とかではないのだろうけど……。そだててあそぼうシリーズだからオクラが育つまでの物語かな」

「そうともいえないんだな。調べものって視点で見てごらん」

私は伊予さんから手渡された『オクラの絵本』を手に取ってめくった。

……オクラの原産地、オクラにも種類がいっぱいあって、栽培はこんな感じか、初めはぜんぜん伸びないんだ、やがて花が咲いて、花にカビが生えても実は大丈夫、自宅でもプランターで栽培できて、代用コーヒーにもなって、オクラのスープはおいしそうだな、日本での歴史は……

「彩乃ちゃん。読みふけるのはあとにしよう」

「すみません。面白くて没頭してしまいました。そうそう調べものって視点でしたね。これ一冊でオクラに関することはバッチリです。栽培だけでなく文化とか料理とか、たくさんの観点から書かれているし、巻末の解説も充実していますね」

「昔、オクラのねばねばについて質問されたとき、その本で回答した覚えがあるな。たぶん、この図書館にある本ではオクラについて一番詳しい本だと思うよ」

「そうでしょうね。統計とかを除いてオクラの何を聞かれても対応できそう。あ、参考文献も出ているから、この本で不十分だとしても次の調査に使えるなあ」
「すっかり図書館員の視点だね」
「こんなに役に立つのに児童書なんだ。児童書は子どものための本というよりわかりやすい本ってい
う意味、納得できました」
「児童書ってけっこう一つのことを徹底的に追求している場合があるからあなどれないよ。彩乃ちゃ
んだって、クワガタムシの飼育について調べるとしたら、一般書より児童書の方が詳しいかもなって
予想できるよね。
そういえば『たくさんのふしぎ』という子ども向けの月刊雑誌を購読しているんだけど、豆相人車《ずそうじんしゃ》
鉄道を取りあげていたとき（2006年12月号）は正直「何これ」と思った。その一カ月前に、豆相
人車鉄道のレファレンスを受けたばかりで、なかなかビジュアル的な本がなくて困っていた記憶があ
ったから。僕が探した本より『たくさんのふしぎ』の方がよっぽどわかりやすかったなあ。『たくさ
んのふしぎ』は、たしか対象年齢が小学校3年生くらいからの雑誌なんだけど」
「児童書を調べるときのコツって何かあるんですか」
「コツといえるかどうかわからないけど、児童書はとにかく手に取ってめくったり読んだりしておく
のが基本。この図書館だと富士さんが実践しているね」
「地道な努力か……、時間がかかりますね」
「僕は児童書にそれほど詳しくないけど、何となく要点をまとめてみようか。

まず『オクラの絵本』もそうだけど、一つのテーマを多角的に扱っていることが多いから、自分のイメージと若干ずれていると思っても、めくっておくと何か発見があるかもしれない。

それから、オクラだけで一冊の本もあるけど、複数のテーマを集めて一冊にした本も多いから、とくに大きな分類を見ることを忘れずに。野菜とか細かいところだけではなく、農業全般とか産業全般とか。そもそも児童コーナーの分類は一般書に比べると大雑把だし、一冊一冊は個別のテーマでも全何巻のシリーズでまとめて置かれていることも多いから。

あと、『野菜の謎』とか『食べものの不思議』みたいな本があるよね。そういう本は、そのテーマに関して誰もが疑問に感じそうな事柄を集めて収録しているから、調べている事柄と類似した内容がよく取り上げられてたりするんだ。

そんなところかな。一口に児童書といっても小学校低学年向けに書かれた本と高学年向けに書かれた本とでは内容も違うし、大人には平易すぎて退屈な本も多いけど」

「ありがとうございました。この『オクラの絵本』は私が借りていきますね。今日の夕飯は本に出ていた「オクラの肉ばさみ」にチャレンジしてみます。児童書だからレシピも簡単そうだし助かるな」

オクラの原産地はアフリカらしいけどはっきりは分からないところもあるんだなぁ。

オクラのねばねばは食物せんいのペクチン、ガラクタン、アラバンなどの混合物か…。でもこれも分からない点が多いのね。

オクラの肉ばさみ、タバスコをふって食べてもおいしいかもしれない。

ガンボスープもおいしそう。こんど作ろう。

日本で本格的に栽培されるようになったのは大正時代の後半からか…。

児童書って奥が深い。

ネットワークで雑誌を活用します

8月24日（火）

「この間、児童コーナーを説明したから、今度は雑誌コーナーについて話そうか」

「雑誌は調べものにどう使うのですか」

「正直いうと、あかね市立図書館で受け入れている雑誌のタイトルは、さほど多くないし、バックナンバーも数年間しか保存していない。したがって調べものに雑誌をそれほど活用できるわけではない」

「濁《にご》ったいい方ですね」

「速報性のある情報なんかは本より雑誌が役に立つけれど、雑誌よりインターネットや新聞の方がさらに情報は早い。そうすると、あかね市立図書館で雑誌を使うケースは、適度な速報性が求められて、なおかつ、ある程度しっかりまとまった情報が必要なときという位置づけになるかな……。

例えば、建築関係の雑誌を見て数カ月前にオープンした建物の情報を知るとか。本として刊行されるにしても時間がかかるし、インターネットや新聞では情報量が少ない。

この間、情報の旬を考えることを説明したけど、雑誌ってまさに旬の情報を扱っているから。今、話題の建築として雑誌で取りあげられていても、本に収録されるほどでないかもしれない。

建築家の安藤忠雄が設計した東京・南青山にあるCOLLEZIONEという建物の平面図を見たいという質問が数日前にあったんだ。調べたところ1989年頃に完成した建物らしい。うちの図書館にある建築の本や安藤忠雄の作品集には出ていなかった。でも有名な建築家の作品だから、当時の建築関係の雑誌を見れば出ているに違いない。県内の大きな図書館に依頼して当時の建築雑誌で確認してもらったら平面図が掲載されていたって」

「私だったらひたすら本を調べてしまいそう。雑誌まで頭に浮かばないかも……」

「一般書では調べがつかなかった。ではどうするか、インターネット、雑誌、児童書とか、資料を変えてみると、調査が展開するってことはよくあるよ。雑誌の可能性も頭の片隅に置いておくように」

「この図書館にある雑誌って、あまりよく見たことがなかったな」

「雑誌も本と同じで、手に取ってめくっておかないと肝心なときに役に立たなくなるからね。

建築系の雑誌を手に取る。話題の建物を特集していて、平面図とかデータも出ていて、変わったテーマの連載記事もあるんだ……などと見ておくと、その雑誌のだいたいの傾向がつかめる。調べものの際にも、ひょっとしたらあの雑誌のバックナンバーに何か出ているかも、とか思いつく。一口に建築系の雑誌といっても、住宅がメインだったり技術がメインだったり、いろいろあるし」

「ふーん。週刊の少年マンガ雑誌でも、友情ものが多かったり恋愛ものが多かったり違いがある、とかかなあ」

「ずいぶんひねった例えだけどわからなくもない」

「あかね市立図書館で雑誌のバックナンバーも長期間、保存しておけばいいのに」

「簡単にいうけど書庫のスペースが限られているから。雑誌はすぐ増えて膨大な量になる。彩乃ちゃんだって自分で『週刊少年ジャンプ』を買って3年くらい捨てなかったら、部屋の中はえらいことになるはず」

「月刊誌で3年もたたなかったけど、えらいことになりました」

「あかね市立図書館ではそんな感じだけど、バックナンバーをきっちり保存している図書館では、雑誌の利用頻度は高いと思う」

「大きな図書館ですね」

「うん。規模もあるけど図書館の種類もあるよ。大学図書館だと学術雑誌とか専門雑誌をたくさん所蔵している。大学で勉強や研究をするのに学術雑誌や専門雑誌に出ている文献が欠かせないから」

「雑誌がたくさん並んでいる書架から、調べている情報を探すのは大変そうだなあ」

「雑誌の記事を探すのにも方法があって、例えばデータベースが役に立つよ。まず彩乃ちゃんに知っておいてもらいたいのは、国立国会図書館の〈雑誌記事索引〉かな。国立国会図書館が所蔵している雑誌に掲載された雑誌記事のデータベース。無料で誰でも使える。収録されている雑誌は限られているけど。詳しい説明はホームページにある注意書きで確認しておいてね」

伊予さんがインターネットの「お気に入り」から国立国会図書館のホームページを選択し〈雑誌記事索引〉の検索ページを開いた。

「何か検索してみようか。建築関係で、川崎駅近くにある大型ショッピングセンターのラゾーナ川崎について知りたいって聞かれたことがあったな。「ラゾーナ川崎」と入れて検索してみよう」

伊予さんが〈雑誌記事索引〉で「ラゾーナ川崎」を検索すると何件かヒットした。本の検索結果に似ているけど、これはあくまで雑誌の記事だけ。

「ここに並んでいる中だと『日経アーキテクチュア』『新建築』『近代建築』が建築系の雑誌。『日経アーキテクチュア』と『新建築』は、あかね市立図書館でも所蔵していて、それで回答したんだ。

建築系の雑誌に掲載されているのは、２００６年以降だから、その年にラゾーナ川崎がオープンしたんだと見当がつく。〈雑誌記事索引〉に収録されていない雑誌でも、その頃に発行された巻号を見れば、ラゾーナ川崎に関する記事が見つかるかもしれない」

「建築関係だけでなく『レジャー産業資料』なんて雑誌もヒットしていますね」

「その業界の雑誌だろうな、あかね市立図書館では所蔵していないけれど。

一口に雑誌っていっても、専門的・学術的なものから一般的なものまでさまざま。〈雑誌記事索引〉は一部の週刊誌まで収録されているから、芸能関係の記事なんかもヒットするよ。

もちろん本の検索をするときと同様、その雑誌記事のタイトルになっていそうな言葉で検索するのがポイント。学術用語で検索したら論文とかがたくさんヒットするけど、一般的な雑誌はヒットしにくい。

また、基本的には文献が収録対象だから、付表とか参考資料とか、他には出ていないような役に立つ情報にもかかわらず、データベースでは検索できないといったこともある。調べものの内容によっては、本と同様、雑誌のタイトルや刊行時期に狙いをつけて、地道にめくっていくことも大事だね」

「あとでいろいろ〈雑誌記事索引〉で検索しながら試してみます」

「雑誌関係のデータベースは〈雑誌記事索引〉だけではないけど有料だったりする。質の高いデータベースほど有料で高額な契約料が必要な場合もある。個人が利用するには高額だけど、図書館がまとめて契約しておけば館内なら無料で使えたりする。そういうのも図書館のよさかもしれないね。新聞記事のデータベースは、あかね市立図書館でも導入しはじめたけど」

「あんまりすごいデータベースを使っても、あかね市立図書館で所蔵していない雑誌ばっかりヒットしそう」

「大丈夫。直接、足を運べなかったとしても、国立国会図書館ならコピーを郵送してくれる（有料、登録が必要）。大学図書館でも図書館の間でやりとりできるし、学外者に公開しているところもある。いうまでもなく県立図書館をはじめ県内外の公共図書館も協力してくれる。これは雑誌に限らず本でもそうだけれど」

「そういえば、他の図書館から本を取り寄せてもらえるのですよね。カウンターの後ろの棚に、いろんな図書館から届いた本がたくさん置いてあります」

「うん。お客様からのリクエストを受けて、他の図書館から取り寄せた本だよ。県内なら図書館協力のネットワークがある。今はデータベースを使ったり蔵書の横断検索ができたりして、探している本や雑誌をどこで所蔵しているのか、わかりやすくなったしね。

何で読んだか聞いたかは忘れたけれど、図書館の窓口は蛇口の一つで、もっと大きなダムすなわち全国の大小さまざまな図書館から、本や情報が届けられる、みたいな例えがあったと思う。

もちろん借りるだけではなく、あかね市立図書館の本もいろんな図書館に貸し出されたりしているけど」

「いろんな図書館とも協力するって、あかね市立図書館のパンフレットに書いてあったけど、そういう意味なのか」

「それから図書館のネットワークというのは貸し借りだけではないよ。調べものも同じで、あかね市立図書館の中で解決できなくても、必要に応じて各種の図書館や、図書館だけでなく博物館とか研究所とか関係する機関などに問い合わせをすることもあるんだ」

「あかね市立図書館でわからなくても、いろんなところで応援してもらえるのか」

「まずは、あかね市立図書館で十分に調べて解決できなかったら、が前提だけどね。

あかね市立図書館で対応できなかった場合、どこに問い合わせるか、県立図書館がいいのか、専門図書館がいいのか、どこかに専門の研究機関があるのか、お客様が求めている情報を踏まえて最適な選択を考えるのも、レファレンス・サービスの一部。この図書館にある情報がすべてではないってこと、たまに忘れそうになるんだけどね」

帰り道、夏の夕日を浴びたあかね市立図書館の建物を振り返った。

私がアルバイトを始める前よりずっと大きく感じる。たぶん、この図書館にどんな本や雑誌があるのかわかって、その情報を使いこなすことを知ってきたから、図書館の持つ可能性がうんと増えて、そう見えるのかもしれない。

そして今日、あかね市立図書館が全国の図書館とつながっていることを知った。建物がこれまで以上に頼もしい存在に思えた。

建築関係の雑誌は写真が多くて詳しいことを知らなくても楽しめる。写真の脇に小さく撮影したカメラマンの名前が出ていた。

考えてみると、このページだけでもたくさんの人がかかわっているんだね。　他にも印刷する人や読んでもらおうと頑張る人がいるわけだ。いろんな想いがつまっているんだ…。そんな事を考えていたら、図書館中の本や雑誌がにぎやかに感じた。

調べものの要領を磨きます

8月26日（木）

「ここ何回か、インターネットや蔵書検索、児童書や雑誌などについて説明をしてきました」

「図書館にはいろんな情報があるんですね。今日は何です。郷土資料コーナーですか、視聴覚コーナーですか」

「そのあたりは自習にします。郷土資料コーナーを使いこなすには、習熟することが不可欠なので、ひたすら本を手に取ってめくってください。あかね市に関する基礎的な知識もあった方がいいでしょう。視聴覚コーナーの資料は、あかね市立図書館の現状で、あんまり調べものには使っていませんが、使えないというわけでもありません。どう使えるか考えてみるのもよいでしょう。がんばってください」

「もう、調べもののレクチャーはおしまいですか」

「いやいや、まだ少し続きます。今日は調べる手順を取りあげてみます。ただし説明がとっても難しい。一言でいうと要領を磨くことかもしれません」

「私、要領が悪いような気がします。大丈夫かなあ」

「僕だって人生の要領は思いっきり悪いです。けれど調べものの要領は適当に持っています。コツさえわかればある程度の要領は会得できます」

「調べものの要領って何ですか」

「知りたい情報が図書館のどこかにあるとして、そこに間違いなくたどり着く。迷子になることなく最短距離で。それが調べものの要領だと思います。

そのために重要なのは、これまでの復習だけど、図書館のどこに何があるのかを把握して、それぞれのコーナーや資料にどんな持ち味があるのかを理解するのが第一歩。例えば調べものをする上で児童コーナーは、どんなときに役立つことが多かった？」

「児童コーナーは、わかりやすい情報を探しているときに役に立ちます」

「いいけど、僕が説明したまんまだから。本当にそうかどうかを納得して、その上で自分なりに児童コーナーがどう活用できるか、彩乃流にアレンジしてみてください。結局、経験もあるんだけどね」

「難しいな。経験がないなりに工夫します」

「では、今日の本題。質問を受けたところから考えてみます。

例えば、液クロについて知りたい、と質問されても何のことやらさっぱりわからないよね。そうした場合、インターネットでたいていのことはヒットするから、受けた質問から適当なキーワードを選んで検索してみる。「液クロ」とインターネットで検索したら、高速液体クロマトグラフィーの略だと出ていた。ついでに化学の分析をするときに使う装置だとかわかる。しっかりした情報だったら、そのままの情報で回答できるかもしれないし、本での調査や確認が必要であれば、化学関係だとわかった時点から調べはじめることができる。

以上が調べものの一つの流れ」

「インターネットを有効に使った調べ方ですね」

「インターネットのような膨大な情報から手をつけると何か引っかかるからね。

広い範囲から調べたいものを特定して絞っていく感じかな。

前にも話したけれど百科事典の使い方も似たところがある。百科事典で概要を知った上で、簡単な内容でよければ百科事典でそのまま回答してしまってもいいし、百科事典に出ていたことを手がかりに、より深く各分野の本にあたることもできるわけだ。

ほら、レオナルド・ダ・ヴィンチを例に調べたことがあったよね。いきなり画家だと思って絵のところを調べるより、まずダ・ヴィンチにどんな業績があったのかをつかんでから、いろいろ調べはじめた方が効率的で要領のいい調べ方の気がしない」

「わかります。それに自分の思い込みで調べものをしていて、視野が狭まってしまうこともありがちな気がします。そうそう、広いという意味では、とりあえずの蔵書検索というのもありました」

「よく覚えているね。蔵書のデータも広い範囲をカバーしているし、そのものズバリや関連する本がヒットするかもしれない。

おまけとしては、周りにいる同僚に聞いてみるっていうのが、意外と有効だったりする。みんな、自分と違った知識や経験や発想を持っているから」

「どこから手をつけるかで、調べごとのプロセスに変化がありそう」

「それが要領を理解する鍵。実例をあげて調べものの要領を考えてみようか」

伊予さんはキャビネットからファイルを取り出した。

「リンゴの皮をむくと色が変わるのに、なぜリンゴジュースの色は変わらないのか、という質問を受けたことがあります。

調べる順番はさておいて、知りたい情報は次のようなところに出ていました。

本なら、ジュースの観点だと『小池芳子の手づくり食品加工コツのコツ1』（農文協）。果物の観点だと『くだものの科学』（未來社）。添加物の観点だと『ぜひ知っておきたい食品添加物の常識』（幸書房）。リンゴの特産地という観点だと『青森県百科事典』（東奥日報社）。

インターネットで検索しても、だいたいのことはわかります。

いずれも、リンゴ果汁が酸化して色が変わるのを防ぐため酸化防止剤としてビタミンC（または食塩）を添加している、といった記載が出ています」

「りんごの産地ということで『青森県百科事典』は伊予さんらしい調べ方ですね」

「まだあります。『リンゴはどうして赤くなる?』（大月書店）という児童書があって、「ほんもののジュースの色は?」というところを見ると、リンゴジュースを白い色のままにしておく実験だとか、天然果汁100％のジュースの添加物の説明だとか、小学生向けにもかかわらず、けっこう深く解説してありました」

「あなどれませんね、児童書」

「以上のように図書館の中には、この質問の回答に使える情報がたくさんあります。調理とか食品とか、探せばまだまだ見つかると思います。どこから調べて、どの情報で回答することもできます。まずインターネットで検索するのも一つの方法、該当しそうな棚にいって調べるのも一つの方法、蔵書検索してみるのも一つの方法、ひょっとしたら一直線に児童コーナーにいって『リンゴはどうして赤くなる?』を手にする人もいるかもしれない。もちろん複数で回答するにこしたことはないけど」

「伊予さんはどの方法を選ぶのですか」

「さあ、そのときによって違うかも。どれが正解ってことはないから。あまり気にしたことはないけれど、質問を受けて自分なりに質問の意味を検討してみて、どこから手をつけようか考えているのだろうね。リンゴとリンゴジュースからではどっちが調べやすいかな、まず参考図書で調べようか、いきなり一般書の食品加工の棚で調べようか……、短い時間で判断して行動に移す。

それから、お客様がエプロン姿で台所からいらしたって感じだったら、リンゴジュースの作り方という観点を優先するだろうし、あかね市消費者組合からの問い合わせだったら、食品添加物という観点を優先して調べるかな。お客様の知りたいことに合わせている部分もあるだろうね」

「ふうん。やっぱり経験がものをいいそうだなあ」

「ところで彩乃ちゃん、リンゴジュースの定義って何だろう」

「え、リンゴを絞ったジュース。でも果汁何パーセント以上とかあるのかな。添加物がどうとか……、わからないや」

「調べものの状況によっては、リンゴジュースの定義を押さえないといけないかもしれない。それだったら参考図書なんかで、リンゴジュースとは何かを確認してから調べはじめることになる。

経験的に少しややこしそうな質問の場合は、いきなりピンポイントに調べるより、質問されている事柄が何なのかを踏まえた方が手堅いね。全体を見回して状況をつかんでからの方が失敗は少ないし、かえって効率がいいことも多い、それがメリット。その分、最初に手間なのがデメリット。ケースバイケースだけど」

「まず何から手をつけるか。何気ない行為にみえるのに、実は深い意味があるんですね」

「うん、無意識にやっているつもりでも理由がある行為だと思う。それを磨けば調べものの要領は格段によくなるはずです」

「お互い人生の要領もよくなるといいですね」

「応用できる要素はあると思うけどなあ……」


カウンターの上に置いてある図書館の利用案内のパンフレットを整理していたとき、ふと利用案内の片隅に印刷された図書館の地図が目にとまった。図書館までの道筋が、少し広い範囲で、最寄りの駅とか隣の駅、市役所や海岸も一緒の地図に出ていて、図書館のだいたいの位置が把握できる。

これがもし図書館近辺の住宅地図だったら、私が近所の住民でない限り、図書館がどこにあるかは非常にわかりにくい。

この利用案内の地図も、あかね市や神奈川県に住んでいる人だったら場所がわかるけど、北海道の人に見せてもたぶんどこだかわからない。もっと広い範囲の地図を使って神奈川県の中のこのへんですよ、という説明も必要になるんだろう。

今日、伊予さんがいいたかったのは、地図みたいに少し広めに目的地を知って、その上で近所の地図とかに絞っていくのがわかりやすいということなのかな。それが伊予さんのいっていた要領の作り方で、最短距離のルートの見つけ方かもしれない。そう理解をしておこう。

隣には館内案内図のチラシがある。伊予さんから調べものを習った初日、まず図書館という空間を把握するようにいわれたんだっけ。それって図書館全体を広く見渡せるようになるためだったんだ。

広い視野で、少し上から全体を見渡す感じで……図書館の天井を見上げながら、俯瞰《ふかん》という言葉が頭をよぎった。

17:30。今日は第4木曜日だから
スーパー唐戸のウルトラ特売日。いつも
川辺の道をのんびり歩いているけど
今日は 近道をして行こう。

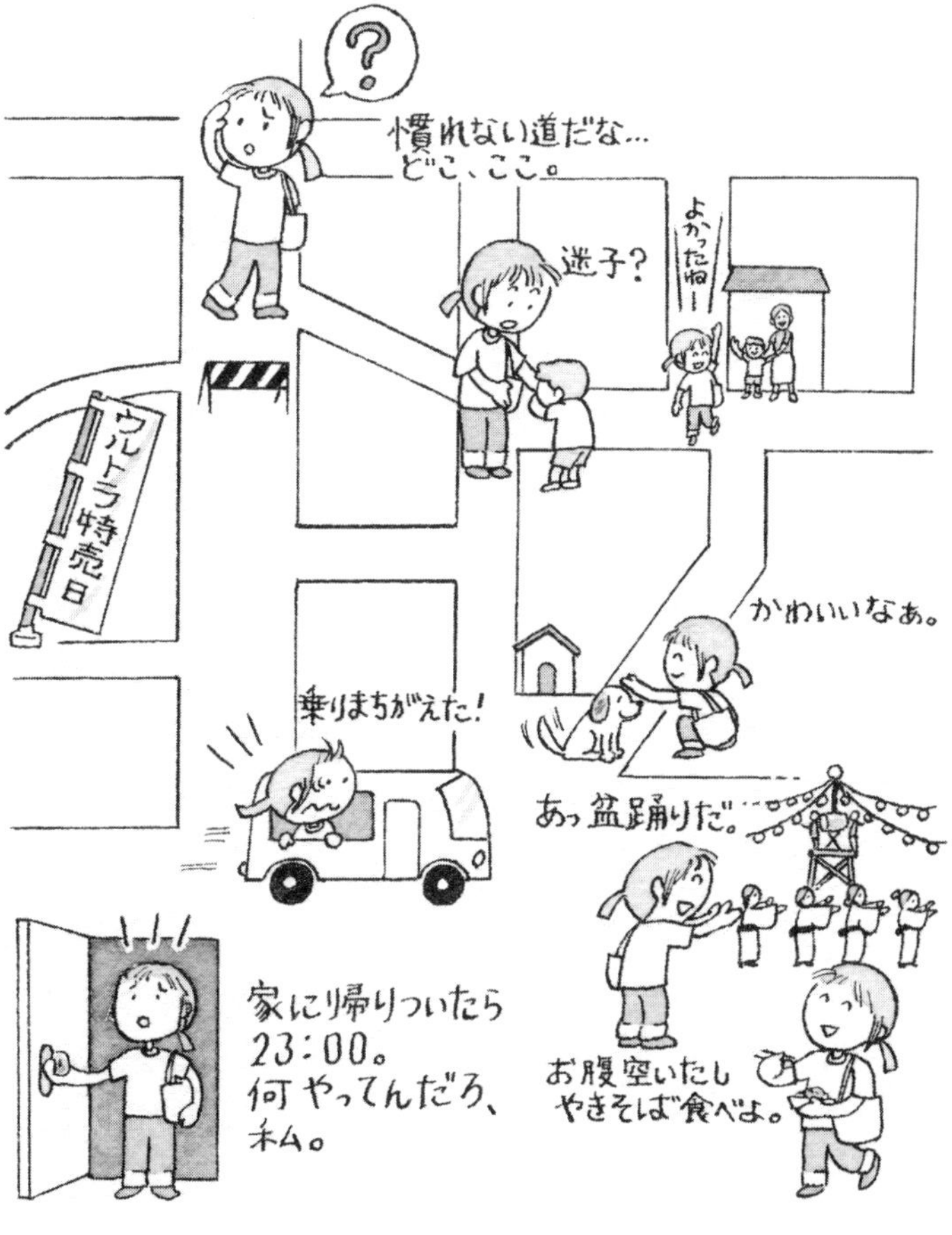
?
慣れない道だな…
どこ、ここ。
迷子?
よかったね
ウルトラ特売日
かわいいなあ。
乗りまちがえた!
あっ盆踊りだ。
家に帰りついたら
23:00。
何やってんだろ、
私。
お腹空いたし
やきそば食べよ。

調査を立体的に組み立てます

8月27日（金）

「彩乃ちゃん、もう勤務時間は過ぎているのに何やっているの」と伊予さんの声。

「ここ一週間分のレファレンス・メモを見させてもらっていました」

「何か気がついたことはある」

「石尾さん以外は字が読みにくかったり、なぐり書きで意味不明だったり……。あっ、すみません。皆さんの目の付けどころとか参考になるし、面白い本があるんだとか、楽しいですよ。

例えば、この本宮さんが調べた階段の手すりの変遷に関するレファレンス。

まず建築関係の本から調べたけれど、手すりについてのまとまった記載はなくて、福祉やまちづくりからも調べたけれど難しかったみたいで、結局、雑誌『日経アーキテクチュア』（852号）で「されど、手すり」という特集を見つけています。本宮さんの筆跡から、やった！って伝わってきますよ。

「誰も書かなかった手すりデザイン史」なんて文献も収録されていますね。それにしても雑誌の特集って、本とは少し違ったテーマを取りあげることがあるんだな……」

「へえ、レファレンスの記録を見て自分なりに分析できるようになったわけだ。進歩したね。たぶん彩乃ちゃんが図書館でアルバイトを始めたばかりの頃だったら、そのメモを見てもどこを注目していいのか、よくわからなかったはずだよ」

いわれてみれば本当に。

「レファレンスの記録だけでなく、質問を受けた同僚がどんなところに足を運んでいるのかを観察するのも楽しいよ。カウンターに木崎さんと二人で出ていて、木崎さんの方が質問を受けたら、この書架にいって、次にあそこを調べているのか。僕なら思いつかないな、僕だったらこうするのに、など など」

「高度な同僚観察法ですね」

「ということで今日の十分間を始めようか。最初に何を見るかについては昨日、説明しました。今日は最終的に回答を見つけるまでの組み立て方を考えてみます。今まで説明したことと重なる内容も多いから、復習を兼ねてです」

「総仕上げっぽいですね」

「彩乃ちゃんのバイトも、そろそろ終わりだからね」

「……うん」

「では昨日実際にあった事例です。タイトルライターの仕事内容を知りたい、という質問。まず、タイトルライターって何だか知っている？」

「いいえ、初めて聞きます」

「そういうときは……」

「それが何かを確認します。私ならインターネットで検索してみます」

伊予さんに促されてその場で検索したところ、パソコンのソフト名や煙草のライターも検索結果に並んでいるが、何件目かに映画の字幕の文字を実際に書く職業をタイトルライターというのだと説明しているサイトがあった。

「さて、インターネットでだいたいのことがわかったらどうする」

「映画の棚を見にいきます。あ、その前に本があるか検索しておこう」

蔵書検索をする。言葉は何と入れるのだろう。「タイトルライター」ではヒットしなかった。「映画」ではたくさんヒットしすぎるような気がする。「字幕」ではどうだろう。

あ、何冊かヒットした。英語のレッスン関係も混ざっているみたいだけれど。戸田奈津子さんの『字幕の中に人生』（白水社）や、神島きみさんの『字幕仕掛人一代記』（パンドラ）からは手がかりが見つかりそうだ。『字幕仕掛人一代記』は貸し出し中だけど『字幕の中に人生』は書架にあるみたい。分類番号は〈778〉になっている。ずっと持ち歩いてよれよれになった分類表のコピーで確認すると〈778〉は映画の番号。

「探してきてごらん」と伊予さんにいわれて映画の書架にいく。

まず『字幕の中に人生』には、タイトルライターという言葉は出てこなかった。前後に並んでいる映画の本も何冊か見てみたが、タイトルライターについての記述は探せなかった。

「伊予さん、映画の本では見つかりませんでした」

「『字幕仕掛人一代記』は昨日、質問された方が借りていったからね。タイトルライターの仕事が聞き書きで紹介されていたのだけれど」

「意地悪ですね、仕方がないけれど」

「貸し出し中とかイメージしたとおりの本が見つからないとかは、よくあること。臨機応変な対応が必要です。別の観点から調べてみようか」

別の観点ってどこかな。私が困っていると伊予さんは「タイトルライターの仕事」と思わせぶりにいった。そうか、仕事からも調べられるかもしれない。

有名な『13歳のハローワーク』（幻冬舎）とか、仕事をまとめた本があったな。蔵書検索したら分類番号は〈３６６〉になっている。〈３６６〉は労働関係の分類か。

さっそく労働関係の書架で『13歳のハローワーク』を開いたが、映画の翻訳の仕事は出ていたけれど、タイトルライターという言葉は見当たらない。

言葉の意味を調べるのなら参考図書の方が役に立つかな。参考図書コーナーの〈３６６〉の棚も見た。『近代日本職業辞典』（柏書房）という本に「タイトルライター」の項目を発見。「映書体家」の項目が参照されている。そういういい方もあるのか、キーワードを一つゲットだね。「映書体家」の項目を見ると、映画字幕の制作方法などが詳しく説明されている。「スクリーン上で拡大されるので小さなミスも許されない」だって。

労働関係の棚には、仕事や資格の分厚いガイドなんかもたくさん並んでいる。何冊か手に取っているうち、何となく私の目にとまったのは『女性の仕事全カタログ２００２』（自由国民社）。

……女性か。戸田奈津子さんとか字幕の本の著者は女性だったし、タイトルライターは何となく女性の方が多い仕事の気がする。『女性の仕事全カタログ２００２』の索引を見ると「タイトルライター」の項目がちゃんとあって、「仕事と就職」の説明と「問合せ」も出ていた。「集中力と根気と体力の３拍子がそろっている人が向いている」のか、私には難しそうだ。「手書きの文字から写植文字へと移行しつつあるため、需要は見込めない」、だから、新しめの本には出てこなかったのかな、この本自体、数年前の刊行だし……。

見つけた本を抱えて伊予さんのもとに戻る。私から調べた経緯を聞いた伊予さんはうなずいていう。

「なるほど、女性の仕事、うまいところに目をつけたね。

この調べもので彩乃ちゃんは、インターネットでだいたいの意味を知って、字幕をキーワードに蔵書検索して、映画関係の本を見た。仕事という切り口からも本を探して、さらに女性の仕事という可能性を考えた。

そんな過程で調べものを組み立てたわけだ。結果的に」

「はい、いきあたりばったりでしたけど、いいのかな」

「このルートから調べていくと回答までの道筋がわかりやすそうだとか、そんな感じでいいと思うよ。今回みたいに調べながら方向転換していくことも多いし。

僕の場合、これを見てからあれを調べよう、とか大まかな青写真を考えることはあるけど、定番的な調査を除いて、きっちり計画して調べているというほどではないな。あかね市立図書館の職員でも調べ方に個性はあるけど」

「私は伊予さんに習ったから基本的に伊予流です。伊予さんは、適当なところが多かったり記憶をするのが苦手なのかもしれないけれど、その分、イメージして補ったり観点を思いつくのがうまかったりしますね。さっき皆さんのレファレンス・メモを見ていて感じました」

「はあ、褒《ほ》められているのか微妙だな。彩乃ちゃんも彩乃ちゃんらしい調べ方を身につけてね。そうだな、彩乃ちゃんに調べるコツを伝授した立場として、彩乃ちゃんには立体的な視野を持ってもらいたいな。

今の時代、情報が多様化しているからこそ、立体的な調べ方が求められているように思う。分野を越えて情報が出ているケースも増えてきているし、インターネットを始めいろんな媒体で情報が流れている。

一つの方向から調べてうまくいかなくても、他に調べるルートはないか、別な角度から調べられないか、視野を広げてみたらどうなるか、手がかりに使える情報やキーワードはないか、もっと詳しくわからないか……。違った分野を行ったり来たりして調べたり、本とインターネットを併用したり、児童書や新聞・雑誌の可能性も考えたり……。

これまで説明してきたとおりだけど、そういうのをうまく組み立てて調べられるようになると、図書館の持ち味を活かせると思う。

調べている事柄を三つの方向から考えられるといいかな。三つあればたいてい立体的に浮かび上がる。仮に一つがうまくいかなくても、残り二つで対応できるし。ま、柔軟にね」

「……はい」

「彩乃ちゃんは明日が休みで日曜日が出勤か。僕はその逆だからまた来週」

家に帰る川沿いの道、どんよりした雲の流れが早い。そういえば台風が来るとかいってたな。

あかね市立図書館で働くのも、伊予さんやみんなと働くのも、あと数日でおしまいか。

……なんだか寂しいね。

小雨混じりの風に、川辺の宵待草が揺れていた。

少しずつ夏が遠くに向かってる。

図書館で使っているレファレンスメモをもらってきて、私なりにまとめてみました。

質問要旨	タイトルライターの仕事内容について。 伊予さんから（口答・電話・ＦＡＸ・手紙・メール）

調査記録欄	所要［ 15 分］
例 探索方針▼調査経緯▼	タイトルライター → 知らない。インターネットで意味を確認。 映画の字幕を実際に書く職業と判明。 字幕で蔵書を検索〈778〉の書架。 『字幕仕掛人一代記』（パンドラ）は貸出中。残念 仕事の視点から 〈366〉 『13歳のハローワーク』（幻冬舎）× ①『近代日本職業辞典』（柏書房）◎ → 映書体家の項。 ②『女性の仕事全カタログ2002』（自由国民社）◎
回答要旨	①と②で回答 ②によると、「字幕翻訳者が日本語に訳した映画の台詞をアート紙にカラスロを使って書く」のだそう。 「集中力と根気と体力の3拍子がそろっている人が向いている」って… 私には難しそう。
感想・備考	調べている事柄を3つの方向から考えられるといいのか。 だんだん調べものの楽しさがわかってきた。

台風の日に私がんばります

8月29日（日）

午後3時、あかね市立図書館の外は猛烈な風とたたきつける雨。

そして私はカウンターで「ただいま調べものはお引き受けできません。ご迷惑をおかけします」と、血走った目でA3の紙に赤色のマジックで書いている。今日、掲示物を書くのは何枚目だろう。私が書いた紙があかね市立図書館のあちらこちらに貼ってある。「現在、図書の検索はできません」「当分の間、インターネットは使えません」「予約は後日、お願いいたします」

いつもは和やかなあかね市立図書館に殺気だった空気が漂っている。

なぜ、こういう状況になったのか。簡単に説明すると次のとおりである。


朝、起床したときにはすでに大荒れの天気だった。テレビで非常に強い台風の接近を知る。予想より進路がずれて神奈川県を直撃するとのこと。ピークはお昼過ぎ、夕方に台風は抜けて急速に天気が回復するらしい。

今日の出勤は、川波係長、富士さん、横道さん、木崎さん、あと私を入れてアルバイト3名。伊予

さんはローテーションで休みの日。石尾さんと本宮さんも休み、たしか二人一緒に京都で一泊してお
いしいものを食べてくるとか楽しそうに話していたな。

まず開館前のミーティング。川波係長は天気予報を確認した上で、夕方には天気が回復するそうだから通常どおりに図書館を開館することを伝えた。私たちアルバイトは、お客様も少ないだろうから出勤日を振り替えて今日は休んでもいいといわれた。私以外の二人はそのとおりにして帰宅。私はとくにやることもなかったので、そのまま勤務することにした。昨日の夜、新しいレインシューズを履きおろして準備は万全だし。

午前中は何事もなく終わる。風雨はますます強くなる。こんな天気にもかかわらず、お客様がちらほら図書館にいらっしゃるのが不思議。

お昼頃、台風に関する緊急の会議があるということで、横道さんが市役所に向かった。

ほぼ同時に、富士さんの自宅が浸水して、お子さんが困っているという連絡が入った。富士さんが申し訳なさそうに帰宅した。

午後1時半、図書館が突如として混み始めた。近くのホールで大がかりな集会をしていた団体の参加者が、集会後、帰るに帰れず図書館に流れ込んできたらしい。新規のお客様が多く、利用の案内や図書館カードの登録作業に追われる。

午後2時、蔵書検索や貸し出し・返却・登録などが突然できなくなった。問い合わせると、回線のケーブルが強風の影響で切れたらしく、外部サーバにつながらないとか。同時にインターネットも使

えなくなる。返却の処理は後回しでいいのだが、貸出や登録は手書きで記録しておく対応をすることになる。

会議に参加している横道さんに至急戻るように連絡する。横道さんは急いで戻るが交通が混乱しているので午後3時半頃になるかもしれないとのこと。伊予さんの自宅にも電話するが音信不通。

午後2時半、荒れ狂う突風。お客様から「キツネのような動物が図書館の前で倒れている」といわれ、外に出た川波係長と私。「あ、本当だ。子ギツネのコンちゃんかな」と川波係長がキツネを抱え起こそうとした瞬間、大きな楠《くすのき》の枝が飛んできて川波係長の頭を直撃。キツネらしき動物は倒れこむ川波係長の体をよけると、図書館の方を向いてコンコンと鳴いてから、雨の中に走り去ってしまった。

私の目の前で昏倒している川波係長。雨でよく見えないけど血を流しているみたい。パニック状態の私から事態を聞いた木崎さんが冷静に救急車を呼んだ。川波係長は意識朦朧としたまま救急車に乗せられていなくなった。

「もうすぐ横道さんが帰ってくるから、それまで二人でがんばろう。貸し出しカウンターは私が守るから、彩乃ちゃんは私の指示に従って動いて。とりあえず緊急に掲示物を作って」

というような時間経過になる。

「あの、すみません」と私と同じくらいの年齢の女性に声をかけられた。とげとげした投げやりな話し方。銀色のキャミソールを着ているけれど、雨でずぶ濡れになってしまっている。

「はい、何でしょう」

「図書館っていろんなことを調べてくれるんだよね。私、どうしても知りたいことがあるの。イラン料理の作り方を調べてくれない」

「申し訳ございません。お客様。ただいま図書館が台風の影響で混乱しておりまして……」

私がちょうど書いていた「ただいま、調査の依頼はお引き受けできません」の紙を示すと、銀色のキャミの女性は「まだ、貼る前だったでしょ」と強くにらむ。

ちらっと木崎さんの方を見る。行列ができたカウンターでお客様に囲まれながら、おまけに電話が鳴りやまない中、笑顔で対応している。私にはそれが引きつった笑顔だとわかるけれど。

木崎さんは「今は絶対パス」という無言のメッセージを視線で送ってきた。

「今、係の者の手が離せなくて……」

「あなたでいいの。あなたに頼む」

「私、アルバイトなので調べものはしていないのですが」

「私より図書館に詳しいでしょ」

「すみません、それでは今、承って後日……」

キャミの女性はへなへなとその場にしゃがみこんでしまった。

「後日じゃ遅いの……。何のために台風の中、図書館に来たのよ……。私の彼、イランの人なんだけど、明日の朝の飛行機でイランに帰ってしまうの。長いお別れになるのか、もう会えないのかわからない。だから今日、最後の晩ご飯には、私がイランの料理を作ってあげようって思ったのに……」

……そういうもてなし方でなくてもいいのでは。

と思ったが「わかりました、お客様。私にできる限りのお手伝いをいたします。それで無理だったらごめんなさい」と声をかけていた。

キャミの女性は目頭を押さえて「お願いよ」とつぶやいた。

と、そこに、しわがれた男性の声。

「調べて欲しいことがあるのじゃが」

レインコートに身を包んだ小柄な老人が私の後ろに立っていた。

「すみません。今、調べものはお引き受けできな……」

「たった今、そのお嬢さんには調べるといっておったじゃろ。

いいか。わしはこの図書館ができる前から、あかね市に住んでおる。この図書館の開館時のセレモニーにも参加していたのじゃぞ。

そして今日、あかね市から山口県に引っ越すのじゃ……、寂しいの。風雨が収まり次第、ただちにトラックとともにわしは引っ越しじゃ。

そんなときにふと思ったのじゃよ。昔の家電製品には50ヘルツと60ヘルツの切り替えのスイッチがついていた。東日本と西日本では電気の規格が異なるからの。ところが今は自動化されてスイッチがなくなってしまった。それがどんな仕組みかどうしても気がかりで、あかね市での最後の想い出作りを兼ねて図書館にきたわけじゃ」

……今、気がかりにならなくてもいいと思うけど。

「この風雨の中、年寄りが出歩くのは、ちと骨じゃった。そこのベンチで休ませてもらう。わしはとっても急いでいる。しかし順番は守らねばならないから、そちらのお嬢さんの調べものを先にしてやってくれ」

「わかりました。私は司書ではないしアルバイトなので十分な調べものはできないかもしれません。それでよろしいでしょうか」

「ありがとう、やさしい人じゃ。あかね市の図書館はすばらしいとインターネットに書き込んでおこうかのう。では、調べたら教えておくれ。よっこいしょ」

……インターネットって。私が下手な調べものをしたら何を書かれるのやら。

伊予さんがいっていた情報の信頼性という言葉が頭をかすめる。

相変わらすカウンターでてんてこまいの木崎さんに「すみません。少し席を外します」の視線を送ると、「なるべく早くけりをつけなさい」の視線が戻ってきた。「がんばれ」ともいわれたみたい。

銀色のキャミの女性は少し落ち着きを取り戻した。

インターネットで調べていたんだけど、なかなかイラン料理の作り方が探せなかった上、回線が通じなくなってしまって、あわてて図書館に来たこと。図書館の使い方には慣れていないこと。イランの料理の本がどこにあるかわからず途方にくれてしまったことを私に説明した。

最後に「きついことといって、ごめんね」と私につぶやいた。濡れたキャミが寒そうだ。

さて、実際にお客様から受けたはじめてのレファレンス。緊張するな……。頭を整理してから調査を始めよう。

まずインターネットを使いたいのだけれど使えない。蔵書検索もできないけれど、どうせ「イラン料理」で検索してみても、そういう書名の本はないような気がする。

参考図書コーナーはどうだろう。百科事典の「イラン」の項目を見れば、イランの食生活については出ていそう。でも料理の作り方は出ていないよね。料理関係の辞典にも、イラン料理の作り方までは出ていないかもしれない。

ならば、イランの本を見ればいいのだろうか。それとも一般の料理の本だろうか。イランの料理の作り方なんて本当に図書館で見つかるのかな。

さっきからキャミの女性は時間を気にしている。

（まず、どんな本に出ていそうかイメージしてみよう）

ふと、伊予さんの声が聞こえたような気がした。

たぶん、イラン料理だけの本はないと思う。そうか、世界の料理の本があればイランの料理も出ているかもしれない。アジアや中東料理の本だってあるかもしれない。

「お客様、とりあえず見にいきましょう」と、料理の本のコーナーに向かった。

料理の本はたくさん並んでいる。ここからどうしたらいいのだろう。世界の料理をまとめた棚があるような気がする。そうか、中華料理だって世界の料理の本だ。イランもアジアだから近くにあるかも。私は中華料理の棚にいきその隣をながめていった。

えーと、東南アジアの料理、ベトナム料理……、アジアの料理が何冊か固まっている一角がある。しかし、イランや中東の料理の本は見当たらないな。エスニックと書いてある本が何冊かある。イランはエスニックって感じとは少し違うような気もするけど、どうだろう。

（さっさと手に取る、めくる）

……伊予さん、わかりました。

私は『家庭でできるエスニック料理：増補版』（かもがわ出版）を手に取った。まず目次を見ると地域ごとに料理が並んでいる。「中近東編」ここかな。

「ありました！イラン料理が出ているみたいですよ」

私の声はうわずっていたかもしれない。

「イラン」という項目に「アダス・ポロウ」（ミックスピラフ）など三つの料理が出ていた。女性はその本をしげしげと見入っている。

他にも何冊かエスニックと名のつく本があり『魅惑のエスニック料理』（グラフ社）には「イラン・イラク」の四つの料理が出ていた。

キャミの女性がエスニックの本をうれしそうに見ている間、私はもう少し幅広く書架を探していた。

広げる発想をするときには書架を右から左に見ていけばいいんだよね。あ、私のイメージどおり世界の料理の本が何冊かまとまって置かれているところがあった。

ひょっとしてイランが含まれていたらラッキーと思いながら『食べてみたい美味しい地球 世界43ケ国の外交官夫人の食卓から』（洋泉社）をめくってみると、ラッキーなことにイラン料理が出ていた。レシチ・ポロウ（寿命が延びる麺入りご飯）だって。私は寿命が縮みそうなんだけど。この本もお客様にお渡しする。

「これでイランの料理を彼に作ってあげることができるのね。だけどやっぱりずいぶん本格的、私が作るのには難しいかもしれない。私、料理ってぜんぜんダメな人だから。実は今の本を見てもどうやって作っていいか、私にはよくわからなかった。でも、あなたには感謝する。あとは私ががんばってみるよ」

「ちょっとだけお待ちください。わかりやすい内容の本ですね。もしかしたら見つかるかもしれないので確認してきます」

そう、児童コーナー。あるかないかはわからないけれど。

児童コーナーの料理の本をざっと見る。それらしい本はないか……。

（料理の本だけかな）

……伊予さんだったら［38］の食文化を見るんだろうな。

児童書の［38］のところを念のため見にいったら『シリーズ世界の食生活4 中東』（リブリオ出版）

という本が目につく。祈るように開いたところ「伝統的な食べ物」という項目が目にとまり、めくっていくと「イランふうのとり肉料理」というページが見つかった。児童書だけに、これまでの本よりもわかりやすそうな感じだ。

キャミの女性のところに戻り、その児童書を示す。女性は「これなら、私でも……よしっ」と小さくうなずく。「本当にありがとう」

女性はこれらの本を抱えて相変わらず行列が続くカウンターに歩いていった。さっき疲れて見えた女性の背中が、しゃんと元気になっている。

さて、もう一丁。

家電製品で50ヘルツと60ヘルツを自動で切り替える仕組みだっけ。おじいさんがいっていた切り替えスイッチのことは知らないけれど、昔うちで使っていた洗濯機にも「50／60フリー」とかシールが貼ってあった記憶があるな。

どこから調べたらいいのか。辞典で確認したくても、なんて言葉で引けばいいのか見当がつかない。考えていたって始まらないや。とりあえず電気の棚を見てみようか、手がかりが見つかるかもしれないし。

電気の「54」の棚、ここは難しい本が多いから苦手なんだよね。だいたい電気の何の本を見ればいいのか、よくわからないな。おじいさんもそれほど電気に詳しそうではないし、私にもわかるレベルで書いてある本はないか……。たしかその分野の全般的なことは、分類の始めのところを見ればいいのだっけ、［540］だね。

何冊目かに手に取ったのは『電気の雑学事典』（日本実業出版）。

これなんかよさそう、あ、「100ボルト、50／60ヘルツ 配電は日本だけ？」って項目がある。東日本と西日本でヘルツが分かれている理由とともに「近年、インバータなどの普及のおかげで、相互に流用できる電気製品が増えてはいるが」って書いてある。

インバータってキーワードをゲット。おじいさんのいっていたのは、このことかしら。

同じ本の別なページには「インバータエアコンはどうして省エネ・快適？」という項目があった。「インバータは、直流電流から好きな周波数の交流を作る玉手箱のような装置」だって。この説明でも何となくわかるけど、50／60ヘルツとの関係が直接には書かれていないなあ。

インバータが出ている本は他にないかなと電気の棚をさらに見ていくと『すぐ役立つ家庭の電気百科』（成美堂出版）という本が目にとまった。本当すぐに役立つといいんだけれどな。

目次を見るけどインバータは出ていないみたい。あれっ、前に調べた電子体温計が出ているぞ、気になってちらっと見たけれど私には児童書の方がわかりやすいな……って余計なことをしている場合ではないか。巻末に索引がついているんだ、えーと「インバータ」は62ページか……。

へえ、「インバータ・エアコン ヘルツを加減して省エネ自在」だって。家庭に来ている電気は50または60ヘルツで、いったん直流に直してから、周波数を自由に加減するのがインバータの仕組みなんだ。図の説明も簡単だし私にも理解できるぞ。

この二冊でいいと思うけど、ついでだから百科事典でインバータの項目を見ておこうか。百科事典より『現代用語の基礎知識』（自由国民社）なんかの方がいいのかな。

通りがかりに『現代用語の基礎知識』の棚をながめたら、その脇にある『くらしの理科まるわかりブック』（現代用語の基礎知識2004別冊付録）が目にとまった。

……たしか以前、参考図書を見ているときに、めくったことあったな。理科って書名だけど、電気製品ばっかり出ていたんだっけ。

何となく気になったので手に取って目次を見ると、一番最初に「インバータ制御　インバータって何のこと？」という項目が出ていた。おお、この本はすごくわかりやすいね。「インバータは周波数変換装置と訳される、直流電流から好きな周波数の交流電流を作る装置のことです」か。イラストもかわいいな。

あ、いけない。そろそろ戻らないと。

ベンチに座っているレインコートのおじいさんはうたた寝をしていた。

「お客様、一応、お調べしてみました」

「おお、すまんの」

私は三冊の本をおじいさんに手渡した。

「ありがとう、読ませてもらおう。ほお、『くらしの理科まるわかりブック』か。よしよし、インバータというのか。わかりやすく書いてあって助かるの。ん、一番最後のページに「電気の流れ方」というページがあるのお」

……えっ、そんなページ、私は気がつかなかったけど。

「『一昔前までは、東西異なる地域に転居すると、多くの電気製品を買い替えたり部品交換したりしなければなりませんでした。近年では、許容範囲を広げたり、直流に変換したりして、ほとんどの家庭電気製品が両地域で共用できるようになっています』か……ふむふむ。それならばわしがお気に入りの、最新の60インチ薄型フルハイビジョンテレビと5・1chサラウンド音響システムは、安心して山口県に持っていけそうじゃの」

……おいおい。

「では、お客様。私、他の仕事がありますので」

「すまんの。……なるほど、ハードディスクレコーダーの追っかけ再生の仕組みは、こんな具合なのか……」

それからは休む間もなく木崎さんとカウンターでの対応に追われる。

午後4時近くに、大あわてで市役所から戻ってきた横道さんがカウンターに入ってくれた。濡れたシャツの上からエプロンを翻《ひるがえ》すようにまとった横道さんがかっこよかったな。

「二人とも目がうつろです。とにかく一休みしてきてください」と横道さんにいわれ、私と木崎さんは事務室に入った。

緊張がほどけたのは、そのとき。木崎さんは私が泣きそうになっていたことに気がついたかな。

「ごくろうさま、彩乃ちゃん。何か調べものを引き受けていたみたいだけど、どうしても手が離せなかったから任せてしまったの。大丈夫だった？」と木崎さんがお茶を注ぎながら私に聞く。

私はイラン料理とインバータの調べものの回答に至る経緯を手短に報告した。

木崎さんにはよいとも悪いともいわれなかったが、

「台風もずいぶん弱まってきたよ……。

そうだ、明日は休みだし今晩、彩乃ちゃんのはじめてのレファレンスに乾杯しよう。

伊予さんも呼び出そうか。電話には出ないけれど、どうせ部屋で寝そべりながらヘッドホンをつけて、名探偵コナンのＤＶＤでも見ているんだよ。図書館がこんなことになっているとは知らずにね」

だって。

50Hz
60Hz

サービスという視点です

8月31日（火）

「少し時間があるので、最終回をしておきます。

彩乃ちゃんは図書館に就職したいわけではないみたいだから、あんまり説明するつもりはなかったんだけど、われわれ、図書館員にとっては提供するということがとても大事なんだ。

まず当然なんだけど、質問した方が何を知りたいのかを的確に把握すること。

大人からの質問でも、実際には子どもの宿題のお手伝いってケースもあるしね。

質問する方も、照れくさかったり、他人に詳しく話したくなかったり、図書館に何を期待していいのかわからなかったりするから、あいまいな質問になることが多い。

結局、お客様と会話をしながら質問の趣旨をたしかめていくことになる。図書館用語ではレファレンス・インタビューとかいうけど。

インタビューといっても根掘り葉掘り質問することはできない。例えば相手の個人的な事情にまで踏み込んだら嫌な思いをさせてしまう。調べるのに必要なことをたしかめるっていう感じかな。インタビューを通して気付かなかった観点が見つかることもあるし。

中には必要以上に長話をしていかれるお客様も多いけどね。

……彩乃ちゃんも、そういう経験あるんだ。配架のときに声をかけられて15分くらい話が続いてしまったって。ふーん、それでこそ一人前。

あと、いつまでに知りたいのかが大事。その場で答えなくてもいいのか、時間をいただいてしっかり調べた方がいいのか。

図書館員の側からするとそんな感じだから、彩乃ちゃんが自分で調べたいことのあるときも、何をどういつまでに知りたいのかを整理しておくと、調べやすくなるってことだけどね。

「みつくろう」って言葉が好きだな。一人一人のお客様に満足していただける情報をみつくろう、という感じ。

図書館は料理屋ではないけれど、この図書館にある情報が食材だとしたら、この野菜とこの魚を使って、お客様の気分や体調に配慮した味付けにして、お客様に提供したら満足していただけるかな、とか。

……えっ、彩乃ちゃん、そんな格好のいいこと思っていないよ。

カウンターに出れば、自分にまかせなさい、何とかします、って気にはなるけどね。

……ちょっと格好がいいって、それはどうも。

調べものは、そう簡単にはわからないことも多いから、ねばることは大事。ある程度はねばらないとね。可能性を頭の中でぐるぐる回して、答えが出ていそうだとイメージできたところは、一つずつ見ていくとか。

もちろん仕事でやっているから、時間に対する効率は考えないと絶対ダメ。一つの調べものに際限なく時間を費やしているわけにはいかない。そこを忘れると川波係長におしおきされてしまうから。たまにスイッチが入ってしまって、自分への意地で調べていることもあるけど。

あ、川波係長、軽い脳しんとうだったらしいよ。もう大丈夫みたい。明日から出勤するらしい。今晩の彩乃ちゃんの送別会にも出るってさ。

そういえば、気付かなかった観点を旅先でぽんとひらめいて、近くの図書館に飛び込んで調べはじめたり、何やっているんだろうとか思いながら、そういう自分が嫌いではなかったり。

……彩乃ちゃん、笑いなさるな。

結局、お客様から育てられているっていうのは、図書館員なら誰でも実感していること。図書館員だけでなく、いろんな業界の人がそう表現しているみたいだけど。

調べものも一件一件が勉強だね。

今日はどんな質問が来るか楽しみだし、珍問奇問、無理難題ありがとうとか思うときもあるよ。いつもじゃないけど。

やっぱり調べて回答を見つけたら「よしっ」って気分にはなるからね。苦労して見つけた回答だったら、なおのこと爽快感があるし。逆に自分で納得いかない回答しかできなかったら、気持ち悪かったりするけど、また次はがんばろうって思う。

図書館では受けた質問に対して、ただ単に「ありません」や「わかりません」という返答は基本的にしてはいけないことになっています。

ズバリの回答には至らなかったけど関連している情報ならありました、ならいいし、こういうところまでは調べられました、と調べた経緯を説明するのも一つの提供の仕方。調べられなくても、何かその方に役に立つ情報をお渡しするという姿勢かな。

この図書館で調べられなかったら、県立図書館に問い合わせるとか、その調べものに対応できそうな専門機関を紹介することもできる。

補足だけど、あかね市立図書館より県立図書館とか大学図書館とか、大きな図書館の方が調べものに対応できそうだと思うよね。

たしかに本がたくさんあるのは調べもので圧倒的な強みになるよ。蔵書の分だけ情報が多いんだから。ただ、蔵書の規模や図書館に合わせた調べもののもあるように思う。

あかね市立図書館の蔵書は中規模くらいだけど、この規模の図書館で、ここを利用するお客様に、ちょうど使いやすいように配慮してある。だから、この図書館なりの調べものの組み立て方があるんだ。

大きな図書館だと、専門的な本に片寄りすぎたり、蔵書が膨大で直感的に探せなかったりするかもしれない。大きな図書館にはないけれど、あかね市立図書館で所蔵している本もある。もちろん、あかね市の郷土資料はこの図書館に世界一集まっているはず。

逆に、あかね市立図書館よりもっと小さな図書館でも、その規模にふさわしい本を厳選している。一冊一冊をきちんと手に取れるメリットもある。大きな百貨店より、近所のこじんまりしたお店の方がいいときってあるよね。

……彩乃ちゃんは、あかね市立図書館くらいの規模が好きか、ありがとう。

では、あかね市立図書館の規模がよくわかる秘密の場所を教えてあげよう。ついてきて。まず書庫に入って、階段を登って二階にいきます。そして書庫の一番奥が小部屋になっているんだ。倉庫みたいなものだけど。そこの放置されたカードケースの裏がドアになっているから。

……彩乃ちゃんは小部屋があるのに気がつかなかったか。まあ、誰も使っていないからね。では小部屋に入ります。おっと、中は段ボールなんかが散らかっているから、気をつけて。

で、ここに椅子がある。この椅子は僕が勝手に置いたんだけど。それから壁のところに小さな窓がある。

では窓をのぞいてごらん。

……驚いたみたいだね。

あかね市立図書館って天井が高いから。ちょうど二階にあたるこの小さな窓のところまで天井があるんだ。そして窓からは図書館の中を見渡すことができる。この窓は不思議と向こう側からは目立たないから、こちらのことは気付かれない。

図書館の中を上からながめるって楽しいよ。

図書館が賑わっている様子がよくわかる。

調べものを抱えているときでも図書館中を実際に見渡して、ここの分類とこの分類と児童書を見てみようとか考えられるし。

……俯瞰か。そうだね、難しい言葉をご存知で。

今、本宮さんが参考図書コーナーで『国史大辞典』を引いて考えこんでいる。これからどうするのかな。芸術の棚の方に歩き始めたみたいだ。

カウンターは石尾さんだね。お客様が石尾さんに何か声をかけている。

児童コーナーでは富士さんと小学生が話している。あの子はたしか、ひと夏をかけて屋根について調べていたんだよ、建物の屋根。日本だけでなく世界の建物の屋根がどうなっているのかとか、瓦ができるまでとか、屋上緑化とか、実際に市内の建物の屋根を調べたりもしていたらしい。それで疑問があるたびに図書館で調べたりして。自由研究の宿題というわけではなく、ただ興味があったんだって。詳しくは知らないけど。

本を選んでいる人って幸せそうに見えない。本って基本的に心にやさしいものだし。何か図書館中があたたかい空気に包まれているような気がするな。

……どうしたの。彩乃ちゃん、そんな真剣な顔をしてうなずいて。へえ、彩乃ちゃんもそう思っていたんだ。何があたたかい空気なのかって、僕もそれを不思議に思って考えたことがある。

そうだなあ、何より人が集まる空間だからかな。

その空間に本が並んでいて、図書館の職員が本の手入れをして、お客様をお迎えしている。「いらしてくださってありがとう。楽しんでいってくださいね」って気持ちで。居心地のよさも、あたたかさの要因かな。

それは、きちんとした本の管理はもちろんだけど、挨拶の笑顔だったり、見やすい本の表示だったり、ホワイトボードの片隅のイラストだったり、小さな配慮や工夫の積み重ねで生まれていくんだと思う。僕の場合、遊び心がありすぎる工夫になってしまうんだけど。まあこっちも適度に楽しまないとね。

カウンターに立つと、自然とにこにこするな。

僕も図書館の職員も、この図書館が好きだし、この図書館に来てくれる人が好きだし。それならば来てくれた方には、来てよかったなって思ってもらいたいし、何かを持ち帰って欲しい。

気に入った本を見つけたとか、疑問が解決したとか、新しい関心が見つかったとか、考えがまとまったとか、落ち着いた時間を過ごせたとか。

それで、またいらしていただければ、さらにうれしいし。

……いつになく感じ入っているね、彩乃ちゃん。

そのためにみんながんばっているよ。目に見える努力だったり見えない努力だったり。一つのやり方が調べものの技術を磨くことかな。調べものだったら自分の腕で、情報とお客様とを結びつけて喜んでいただけるわけだから、こっちもうれしいんだ。プロ意識ってのもあるかな。それがあるからこそ自信を持って対応できるわけだし、土台がしっかりしてこそ柔軟に対応できることもあるし。

図書館サービスの中で調べものは、あくまで一部でしかないんだけど。

家庭的な感じするよね、なぜか、この図書館って。図書館の職員が醸《かも》し出す空気かな……、それが一番この図書館のいいところかもね。もちろん、彩乃ちゃんもその一員。

あ、本宮さんが芸術の書架で何か本を見つけたみたい。何冊か抱えて戻っていく。

カウンターでは石尾さんが、お客様に本を渡している。リクエストした本が届いたのかな。あの手続きの様子だと、どこか県外の図書館からみたい。

児童コーナーでは、屋根を調べていた子どもが帰っていって富士さんが見送っている。今日は夏休みの最終日か、どうりで児童コーナーが混んでいる。

さて時間か。では児童コーナーのヘルプにいこう」

私の送別会のあと、
のみすぎて 終電を逃がした木崎さんと、
帰るのが大変だから、マンガ喫茶で仮眠しようかなと言っていた本宮さんを引きとめて私の部屋。

みんなは明日もあかね市立図書館に出勤だけど、
私は今日までか。明日からどうしよう……。
まぁ、今日は寝よう。
今日の送別会は
とっても楽しかった。
ありがとう、あかね市立図書館のみなさん。

●9月21日（火）

昼休み、伊予さんは、ぼんやり書庫2階奥の小部屋から図書館内をながめている。

上田彩乃ちゃんがアルバイトを終えてから三週間。あかね市立図書館の時間は、彩乃ちゃんがいなくなっても、いつものように流れていく。

何人かのお客様からは「やわらかい声の元気な女の子はどうしたの」とたずねられたけど、やがてそうしたことも聞かれなくなるのだろう。彩乃ちゃんが図書館にいたことが忘れられてしまうのか、何か寂しいね。

一昨日の朝、彩乃ちゃんが図書館に顔を出したそうだ。その日の午後にあかね市から引っ越すのだという。

「伊予さんは少し遅めの夏休みで、奈良にいっているよ」と木崎さんがいったけど、彩乃ちゃんは「また会えるからいいです」とたいして気にしていなかったそうだ。

彩乃ちゃんはアルバイトを終えてからも、ときどき図書館に顔を出しては、職員のみんなと談笑したり、何か調べものものをしていたようだった。

一昨日、彩乃ちゃんがまとめて持ってきた返却本の中に『きつねとつきみそう』（金の星社）があった。

その日、出勤していた木崎さんに次のように話したそうだ。

「この本、私が子どもの頃に一番気に入っていた絵本なんですよ。でも私、黄色い花が出てくる絵本としか記憶がなくて、書名も、キツネが出てくることも、話しの内容も、まったく覚えていなかったから探せませんでした。

図書館のそばの川辺の道沿いに、夕方になると黄色い宵待草が咲いていますね。

私が子どもの頃、この図書館に来ていたときも川辺の道を通っていました。小さかった私は黄色い花の絵本を大事に抱えて、夕日を浴びた宵待草を見ながら歩いていたはずなんです。

そんな光景が頭に浮かんだので、気になって宵待草を調べてみました。

『野草大百科』（北隆館）によると川辺に生えているのは正式にはオオマツヨイグサっていうみたい。説明によると「明治初年に渡来し、当時別名を宵待草、月見草といっていたので後まで名前の混乱を生じた」のだそうです。

月見草ともいわれていることがわかったので、月見草を手がかりにこの絵本にたどり着けました。

この本を見たときには感激しましたよ。記憶がよみがえって、懐かしくて、ほろっとして、子どもの頃の自分に再会して励まされたような気がしたな。

本当の月見草は白い花なんだそうですけど、この絵本の月見草は黄色い花に描かれているからマツヨイグサの仲間かもしれませんね。

それから、ここのページを見てください。雨の中を子ギツネが走っていく場面。私が台風の日に見た子ギツネのコンちゃんの姿とそっくりなんですよ。不思議ですね」


また、彩乃ちゃんは粘土細工の人形を持ってきたそうだ。

「これ、私が作ったんですけど、もしよかったら児童コーナーの音楽の書架の上にでも置いてくれませんか。見栄えは悪いけど心をこめました。私の気持ちです」

彩乃ちゃんが持ってきたのは、女の子がピアノを弾いている人形。図書館で粘土細工の本を借りて自分で作ったのだそうだ。本人がいうとおり見栄えは悪いけど、味がある。

木崎さんが、さっそく児童コーナーの書架に上に置いたところ、その場がぱっと明るくなったような気がしたそうだ。

伊予さんは小部屋の窓から児童コーナーの書架の上に目をやる。小さいけどカラフルな人形はここからでもよく見える。ピアノの音が実際に響いているような感じだ。その音は、あかね市立図書館のあたたかい空気によく溶け込んでいる。


九月に入ってから、いくつかの小さな気にかかることが図書館にあった。

イランから謎の絵葉書が図書館宛てに届いた。「彼が私の料理に感動してくれてプロポーズされました。そのまま彼と一緒にイランに来てしまいました。ありがとう！」という内容が書いてあった。何のことなのかわからない。

それから、あかね市議会のホームページに、あかね市立図書館の想い出を丁寧に綴った長文が書き込まれている。投稿者の名前を見ると、先日、山口県に引っ越した元あかね市議会の議長さん。図書館の設立にも尽力してくださった有力者なのだけど、なぜ今、こんな書き込みがと、みんな訝《いぶか》しがっている。あかね市から引っ越す最後の一時間を図書館で過ごせたことが、とてもうれしかったんだって。具体的なことは書いていなかったけど……。

さてと、休み時間も終わるし、カウンターに戻ろうっと。

お、なんだ。窓の横に封筒が貼ってある……。気付かなかっただけかな。

封筒に何か書いてある……、

「伊予さんへ、ありがとう」

彩乃ちゃんの字に似ているけど……。

中身は、ん、チケット？

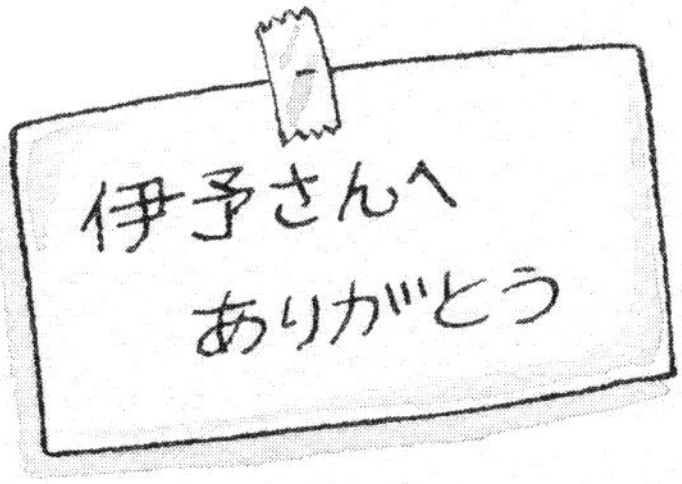

● 11月6日（土）

ここは東京都目黒区にある静かで小さなライブハウス［キャッツ招］。
年齢や男女を問わず観客は60人くらい、和やかな感じ。
ステージには、電子ピアノが一台。
小さな花瓶には宵待草（の造花）が活けてある。
間もなく開演の午後7時を迎える。
徐々に照明が小さくなる。

「大きな拍手をいただきまして、ありがとうございます。

上田彩乃です。

約半年、お休みをしていましたけれど、また今日から以前と変わらず弾き語りで歌っていきます。ただいま。

ありがとう。この空気、ステージの上がやっぱり私の居場所ですね。もう歌いたくて仕方がない気分です。

でも歌に入る前に、少し自分のことについて話させてください。


私、好奇心がすごく強いんですけど、その好奇心の満たし方がわからなかったんです。いろんな物事の調べ方がわからない人だったんです。

調べ方がわからないまま、結局、人に聞いて頼って、何でもすませていました。

歌詞を作るのにうまい言葉が見つからないときなんかも「春の夕暮れを表現するのに適当な言葉を知らない」なんて人に聞いてすませてしまっていたりね。もちろんそこから先は自分で考えて歌詞にしていたんだけど。

歌のことだけでなく、ホテルに泊まるのはどうすればいいのとか、何か面白い本を知らないとか、どこで買い物や食事をしたらいいのかなとか、あれやこれや人に聞いてばっかりだったな。周りに親切で素敵な人がいっぱいいたからできたことなんだけど、それにも気付かず。

始末の悪いことに、教えてもらったことが間違っていると、軽い文句をいってみたりね。自己責任なのはわかっているんだけど。

……えっ、嫌な女だって。いやいや、それほどひどくはないんだけど。

半年くらい前のことです。高校時代の一番の親友に何気なく「洗濯機にお風呂の残り湯を使っている家庭ってどのくらいあるのかな」って聞いたら、「そんなことわからない。いつも何でも人に聞いてばっかり。こっちも忙しいの。少しは自分で調べてよね」って、本気で怒られてしまいました。

そのことをお世話になっている人に愚痴ったら、私は自分で調べなきゃダメだって。人に頼ってばかりで自分の考えが感じられない、俺もそう思っていたと逆に厳しくいわれて。

落ち込みました。自分ではけっこう頑張っているつもりだったから。なんだか自分の歌だって本当に自分が作った歌なのかはっきりしなくなって、気持ちよく歌うことができなくなって、歌もどう作っていいのか悩んで、とうとう歌えなくなってしまったのです。それだけでなくて、いろんなことが重なって、少し疲れていたんだけど。

そんな状況が半年前でした。

無理をいって歌の活動のお休みをもらうことにして、思い切って小さかった頃に住んでいたある街に部屋を借りて、一人で暮らしてみることにしたのです。誰にも頼らず原点に戻って自分を見つめ直したりしたかったから。

しばらくぶらぶら過ごしていたんだけど、その街の図書館に引き寄せられて、図書館のアルバイト募集の貼り紙があったので衝動的に申し込んで、夏の間、図書館でアルバイトすることになりました。あ、私が歌手だとか、そういうことは説明しなかったし、気がついた人もいなかったけど。歌手として、それはそれでちょっぴり寂しいかな、へへ。駆け出しだからね。ま、無理せず私のペースでがんばろう。

想像できるかな、私が図書館で働いているところ。けっこう似合っていたと思っているけど、知り合いに話すたびに笑われるんだよね。

皆さん、図書館で調べものをしたり手伝ってもらったことってありますか。

……当たり前にあるみたいだね。図書館では調べもののことをレファレンスっていうんだよ。私、レファレンスという言葉も知らなかったな。本って調べるためのものだと思わずに、読むためだけのものだと思っていたから。

私、調べものを教えてくださいって、ある図書館の方に弟子入りしたんだ。いろいろ調べるコツをわかりやすく教えてもらった。

今さらだけど調べものって楽しいね。頭を使うし考えるし。図書館っていう空間も大好きだな。知識がぎゅっと凝縮されていて、その中を泳ぎながら、知りたい情報を見つけて。

おかげさまで日々の好奇心からわいた疑問も、自分で楽しんで調べられるようになりました。いっぱい歌のヒントも見つけたよ。

今日、ドリンクバーで売っている、スペシャルメニューも私が調べてアレンジしたものです。魔女

風　愛のカクテルと、濁ったリンゴジュースと、オクラの栄養ドリンク。飲んでくれたかな。

……おいしかったって、よかった。みんなも飲んでいってね。

そんなわけで、調べるコツをいっぱい吸収してきました。今は自分の好奇心が追いつかないくらい、いろんなこと調べたくて仕方がないな。皆さん、私に調べて欲しいことって何かありますか。

……えっ、なぜ私のライブのときは、雨ばっかり降るかって。

そうだね、今晩も雨だし、そういえば図書館でアルバイトしているときも台風ですごいことになったし……。

よしっ、真面目にイメージするぞ。

音と湿度の関係ってわけはないか。まず天気かな、私のライブの日とそれ以外の日の天気の確認。統計の本なんかにもヒントがあるかもね。数学の確率とかも何か関係しているかも。それから、ライブの日に雨が降るのは思い込みかもしれないから心理学のあたりで調べられるか。ひょっとして雨女の妖怪、いや妖精かな、なんてね。

……おっ、拍手があったぞ、ありがとう。

今日、皆さんは雨の中いらしていただいて大変だったと思うけど、最近は雨の日も悪くないと感じています。

雨の日も心が落ち着いたり、物思いにふけったり。

ようするに、そのものをどうとらえるかなんだよね。ものの見方は一つではなくて、いろんな見方があるよね。

少し遠くからながめないと気がつかないものもあるし、近くにいって手にとって確認しないとわからないこともある。視点を変えないと見つからないものもある。立体的にいろんな角度から見たりとか……。

そういうのも図書館で教わったんだ。

えー、その図書館の方には、心から感謝をしています。本当にありがとうございました。

私、その図書館で、本に囲まれて、いつか絶対に歌わせてもらうんだって決めています。まだ私が勝手に計画しているだけで、図書館の許可とかはもらっていないんだけど。もし許可をいただいたら、皆さんもぜひ、図書館ライブにいらしてください。

その図書館、いいですよ。ライブのときと空気が同じなんだ。

ライブの空気ってわかる？ そのあたりの天井とかに漂っているの。

……あ、何人かの方、うなずいてくれていますね。

私と皆さんとの間に空気が流れているの。とくに気持ちよく歌えているときに感じます。あたたかい空気だったり、勢いよく流れたり、皆さんとやり取りしたり、会場の隅々まで満ちていったり。

前から気になっていたから、その空気についても図書館で調べてみました。音響学とか振動学、空調関係の本とか。

……真面目に調べていたんだから笑わないでください。

結局、図書館で何となく答えを聞いてしまったけど。

それは図書館のことだったけれど、歌の仕事に共通していることもいっぱいあったから。そこから先は時間をかけて自分なりに考えてみます。

今日は新曲の「としょかんのうた」も歌いますからお楽しみに。


さあっ、お待たせしました。

では、今日から再出発。そろそろ歌いましょう。

一曲目、新曲、「夏の風」です」

本文中の引用書籍一覧　（本のデータ等は２００７年11月時点のものです）

・『納豆大全！』町田忍著 小学館 １９９７年
・『納豆万歳』永山久夫著 一二三書房 ２００４年
・『納豆の快楽』小泉武夫著 講談社 ２０００年
・『日本十進分類法 新訂９版』日本図書館協会 １９９５年
・『火星の驚異 赤い惑星の謎にせまる』小森長生著 平凡社新書 ２００１年
・『広電が走る街 今昔 ＬＲＴに脱皮する電車と街並み定点対比』長船友則著 ＪＴＢキャンブックス ２００５年
・『鉄子の旅』（全6集）菊池直恵・横見浩彦著 小学館 ２００５―２００７年
・『オウムガイの謎』ピーター・D．ウォード著 河出書房新社 １９９５年
・『きのこ』山渓フィールドブックス新装版 山と溪谷社 ２００６年
・『冬虫夏草の謎』盛口満著 どうぶつ社 ２００６年
・『理系のための上手な発表術』諏訪邦夫著 講談社 ２００５年
・『スキャンダルの科学史』朝日選書 １９９７年
・『トンデモ科学の世界』竹内薫・茂木健一郎著 徳間書店 １９９５年
・『魔女の薬草箱』西村佑子著 山と溪谷社 ２００６年
・『音楽家レオナルド・ダ・ヴィンチ』エマニュエル・ヴィンターニッツ著 音楽之友社 １９８５年
・『建築家レオナルド・ダ・ヴィンチ ルネッサンス期の理想都市像』長尾重武著 中公新書 １９９４年
・『レオナルド・ダ・ヴィンチの解剖図』岩波書店 １９８２年
・『平凡社大百科事典』（全16巻）平凡社 １９８４―１９８５年
・『聞き書き・椋鳩十のすべて』本村寿一郎著 明治図書出版 １９８３年
・『椋鳩十の世界』たかしよいち著 理論社 １９８２年
・『ペンネームの由来事典』紀田順一郎著 東京堂出版 ２００１年
・『鬼平犯科帳』（全24巻）池波正太郎 文春文庫（新装版）２０００―２００１年
・『モナ・リザと数学 ダ・ヴィンチの芸術と科学』ビューレント・アータレイ著 化学同人 ２００６年
・『図説 明治事物起源事典』湯本豪一著 柏書房 １９９６年

・『氷の文化史』田口哲也著 冷凍食品新聞社 1994年
・「夏の風物詩、氷旗に見る天然氷の歴史」中島満著（『自遊人』2003年9月号掲載 カラット刊）
※執筆時にはインターネット上で訂正加筆した原稿も見られた。
・『ことばの文化史 中世3』平凡社 1989年
・『成語大辞苑』主婦と生活社 1995年
・『蹴鞠の研究 公家鞠の成立』渡辺融・桑山浩然著 東京大学出版会 1994年
・『記念日の事典』加藤迪男編 東京堂出版 1999年
・『知恵庫 エブリデイ・ヒストリー』（『朝日現代用語 知恵蔵1996』別冊）朝日新聞社 1996年
・『記念日・祝日の事典』加藤迪男編 東京堂出版 2006年
・『世界絶滅危機動物図鑑5 鳥、両生、爬虫、魚類』学習研究社 1997年
・『動物大百科 第8巻 鳥類2』平凡社 1986年
・『動物大百科 第9巻 鳥類3』平凡社 1986年
・『世界大博物図鑑 別巻1 絶滅・希少鳥類』荒俣宏著 平凡社 1993年
・『世界大博物図鑑 第4巻 鳥類』荒俣宏著 平凡社 1987年
・『ハワイ［極楽］ガイド』宝島社文庫 2000年
・『名探偵コナン』（既刊59冊）青山剛昌著 小学館 1994—2007年
・『縁起がいっぱい』東京縁起かつぎ研究会編 同文書院 1997年
・『江戸の女たちの縁をもやう赤い糸』渡辺信一郎著 斉藤編集事務所 1996年
・『英草紙 西山物語 雨月物語 春雨物語』（新編日本古典文学全集78）小学館 1995年
・『大漢和辞典：修訂第2版』大修館書店 1990年
・『唐代伝記集2』前野直彬訳（東洋文庫）平凡社 1964年
・『日本国語大辞典：第2版』小学館 2001年
・『いろの辞典』小松奎文編著 文芸社 2000年
・『電顕入門ガイドブック』日本顕微鏡学会編 学会出版センター 2004年
・『人は見た目が9割』竹内一郎著 新潮新書 2005年
・『さおだけ屋はなぜ潰れないのか？』山田真哉著 光文社新書 2005年

・『富国強馬』武市銀治郎著 講談社選書メチエ １９９９年
・『広辞苑：第5版』岩波書店 １９９８年
・『広技苑』金田一技彦著 毎日コミュニケーションズ 不定期
・『名数数詞辞典』森睦彦編 東京堂出版 １９８０年
・『国史大辞典』（全15巻）吉川弘文館 １９７９―１９９７年
・『天気予知ことわざ辞典』大後美保編 東京堂出版 １９８４年
・『日本俗信辞典：動・植物編』鈴木棠三著 東京堂出版 １９８２年
・『天敵大事典 下巻』農山漁村文化協会 ２００４年
・『機動戦士ガンダム公式百科事典』皆川ゆか編著 講談社 ２００１年
・『世界珍虫図鑑：改訂版』川上洋一著 柏書房 ２００７年
・『東京近代水道百年史』東京都水道局 １９９９年
・『身近なモノの履歴書を知る事典』日刊工業新聞社 ２００１年
・『和漢三才図会』（全18巻）（東洋文庫）平凡社 １９８５―１９９１年
・『現代用語の基礎知識』自由国民社 各年
・『図書館のプロが教える〈調べるコツ〉』浅野高史＋かながわレファレンス探検隊著 柏書房 ２００６年
・『ペスよおをふれ：完全復刻版』山田えいじ著 小学館クリエイティブ ２００７年
・『大自然のふしぎ 道具・機械の図詳図鑑』学習研究社 １９９５年
・『大解剖！「製品のしくみ」がよくわかる本』向山洋一編 ＰＨＰ研究所 １９９８年
・『オクラの絵本』（そだててあそぼう）村上次男編 農山漁村文化協会 ２００３年
・「海べをはしる人車鉄道」横溝英一作（『たくさんのふしぎ』２００６年12月号 福音館書店）
・『週刊少年ジャンプ』集英社
・「ラゾーナ川崎プラザ」（『日経アーキテクチュア』２００６年12月特別編集版「商空間デザイン」日経ＢＰ社）
・「ラゾーナ川崎プラザ」（『新建築』81（13）２００６年12月 新建築社）
・「ラゾーナ川崎プラザ」（『近代建築』61（1）２００７年1月 近代建築社）
・「ラゾーナ川崎プラザ 開業のインパクト」（『レジャー産業資料』40（3）２００７年3月 綜合ユニコム）
・『小池芳子の手作り食品加工コツのコツ1 ジャム類・ジュース・ケチャップ・ソース』小池芳子著 農山漁村文化

協会 ２００６年
・『くだものの科学』 岩松清四郎著 未來社 １９８６年
・『ぜひ知っておきたい食品添加物の常識』 日高徹著　幸書房 １９９３年
・『青森県百科事典』 東奥日版社 １９８１年
・『リンゴはどうして赤くなる？』（台所のかがく1） 江川多喜雄編著 大月書店 １９９１年
・特集「されど、手すり」（『日経アーキテクチュア』 ８５２号 ２００７年７月９日 日経ＢＰ社）
・『字幕の中に人生』 戸田奈津子著 白水社 １９９４年
・『字幕仕掛人一代記 神島きみ自伝』 神島きみ著 パンドラ １９９５年
・『13歳のハローワーク』 村上龍著 幻冬舎 ２００３年
・『近代日本職業事典』 松田良一著 柏書房　１９９３年
・『女性の仕事 全カタログ２００２』 自由国民社 ２００１年
・『家庭でできるエスニック料理：増補版』 藤本了江編 かもがわ出版 １９９５年
・『食べてみたい美味しい地球 世界43カ国外交官夫人の食卓から』 森下堅一著 洋泉社 １９９２年
・『魅惑のエスニック料理』 グラフ社 １９９６年
・『シリーズ世界の食生活4 中東』 クリスティーン・オズボーン著 リブリオ出版 １９９１年
・『電気の雑学事典』 涌井良幸・涌井貞美著 日本実業出版社 １９９８年
・『すぐ役立つ家庭の電気百科』 伊東雅子著 成美堂出版 １９９４年
・『くらしの理科まるわかりブック』（『現代用語の基礎知識２００４』 別冊付録） 自由国民社 ２００４年
・『きつねとつきみそう』 こわせたまみ作 いもとようこ絵 金の星社 １９８１年
・『野草大百科』 北隆館 １９９２年

600　**産業**
610　農業
620　園芸
630　蚕糸業
640　畜産業．獣医学
650　林業
660　水産業
670　商業
680　運輸．交通
690　通信事業

700　**芸術．美術**
710　彫刻
720　絵画．書道
730　版画
740　写真．印刷
750　工芸
760　音楽．舞踊
770　演劇．映画
780　**スポーツ．体育**
790　**諸芸．娯楽**

800　**言語**
810　日本語
820　中国語．
　　　その他の東洋の諸言語
830　英語
840　ドイツ語
850　フランス語
860　スペイン語
870　イタリア語
880　ロシア語
890　その他の諸言語

900　**文学**
910　日本文学
920　中国文学．
　　　その他の東洋文学
930　英米文学
940　ドイツ文学
950　フランス文学
960　スペイン文学
970　イタリア文学
980　ロシア・ソヴィエト文学
990　その他の諸文学

日本十進分類表(NDC) 新訂9版 第2次区分表(綱目表)

000	**総記**
010	図書館．図書館学
020	図書．書誌学
030	百科事典
040	一般論文集．一般講演集
050	逐次刊行物
060	団体
070	ジャーナリズム．新聞
080	叢書．全集．選集
090	貴重書．郷土資料．その他の特別コレクション
100	**哲学**
110	哲学各論
120	東洋思想
130	西洋哲学
140	心理学
150	倫理学．道徳
160	**宗教**
170	神道
180	仏教
190	キリスト教
200	**歴史**
210	日本史
220	アジア史．東洋史
230	ヨーロッパ史．西洋史
240	アフリカ史
250	北アメリカ史
260	南アメリカ史
270	オセアニア史．両極地方史
280	伝記
290	**地理．地誌．紀行**
300	**社会科学**
310	政治
320	法律
330	経済
340	財政
350	統計
360	社会
370	教育
380	風俗習慣．民俗学．民族学
390	国防．軍事
400	**自然科学**
410	数学
420	物理学
430	化学
440	天文学．宇宙科学
450	地球科学．地学
460	生物科学．一般生物学
470	植物学
480	動物学
490	**医学．薬学**
500	**技術．工学**
510	建設工学．土木工学
520	建築学
530	機械工学．原子力工学
540	電気工学．電子工学
550	海洋工学．船舶工学．兵器
560	金属工学．鉱山工学
570	化学工業
580	製造工業
590	**家政学．生活科学**

あとがき

春先、『図書館のプロが教える〈調べるコツ〉』（以下、前著）の巻末に収録した「調査の流れと組み立て方」を、一冊の本にまとめられないかと声をかけていただきました。執筆期間は約半年です。

まず、誰かに教えるかたちで説明していきたいと考え、それから、前著のあかね市立図書館という架空の設定を活かしたいと思いました。

あとは、章立ても考えず、ましてやストーリーも考えず、今日は彩乃ちゃんと何を話そうかなと思いつくまま、喫茶店でMacBookを広げては、休日などに少しずつ書き進めていきました。実は、その期間に見聞きしたものが、適当に題材になっています。例えば「今朝、納豆を食べたから、納豆をネタにしよう」とかいう感じです。初期の原稿は、その場で考えながら書いていたので、「あー」「うー」とか「えーと」ばかりの読めたものではない文章でしたが、本書の骨格になっています。

一とおり書き終えたあとは、内容の肉付けや調整になりました。事例をあてはめて検証したり、書き漏らしたことを追加したり、自分で理解していないことを削除したり、一冊の構成や章立てを考えたり……。エピローグのような展開を思いついたのも、この時期です。

夏に入る頃から、多少のストーリーをつけていきました。ここをそこの個所と関連させて展開しようといった具合ですが、思いのほか、うまく結びつけられてまとまっていくのに自分でも驚きました。

ありあわせで何とかできてしまうのは、図書館員として自分が得た能力なのかもしれない、という気もしました。

夏の盛りには文章を整えていました。けっこう遊び心がある性格なので、頻繁に内容が変わっていきます。もう何カ月かあったら図書館とは別なジャンルの本になってしまったかもしれませんが、8月下旬に締め切りを迎え、無事に原稿を提出できました。

酷暑の中、エネルギーを使い果たしました。

涼しくなった頃、短期集中での校正がはじまり、あわせてイラストの打ち合わせなどをしていきました。文章を書いただけでなく、一冊の本をプロデュースできた充実感がありました。

最後に決まった書名『図書館が教えてくれた発想法』は、私の案を採用していただきました。彩乃ちゃんを念頭に置いたものですが、私自身も図書館に教えてもらったという意味合いがあります。

本書は発想をテーマにしています。前著の事例集に比べると、事例としては詰めが甘く強引かなという気もします。また、最新の機器やデータベースなどを導入している先端的な図書館ではなく、ごくありふれた中規模の図書館を舞台にしています（かなりマニアックな本を所蔵していますが）。

昨年、前著の刊行祝いの宴会をしたとき、あかね市立図書館について共著者同士で「なぜか実在していそうな図書館だ」とか「妙に家庭的で楽しそうな図書館だ」という話があり、自分が好きな図書館像と重なっているので、とても嬉しかったことを覚えています。

本書でも、調べる発想を説明するだけでなく、そんな雰囲気が出せればいいなと思って書きました。図書館員の方にも参考になる内容だとは思いますが（同業者にしか感じとれないこともあるかも）、どちらかといえば図書館になじみがない方にもわかるよう、楽しく読めて役に立つように書いたつもりです。本書を読んで図書館に親しみを感じていただけたとしたら、著者の伝えたかったことが届いたのだと思います。

最後にお礼を申しあげます。

まず、本書の執筆に際しては、前著の共著者であり、あかね市立図書館の同僚でもある、岡野正志（川波）さん、佐藤敦子（石尾）さん、清水瞳（本宮）さん、鈴木裕美子（木崎）さん、辻伸枝（富士）さん、横田博夫（横道）さん、吉田千登世（田中）さんに、たくさんの意見やアドバイスをいただきました。皆さんがいなければ存在しない一冊です。また、右一同も参加している、かながわレファレンス探検隊（図書館員有志のレファレンス・サービス学習会）にも、いくつかの事例を提供していただくなどサポートしていただきました。

イラストやカバーは私の原案をもとに、亀田伊都子さんに描いていただきました。本来の画風とは違っていたかもしれないし、短期間で仕上げるのは非常に困難だったと思いますが、最終的には私のイメージ以上のものになりました。私自身、彩乃ちゃんってこんな顔なのかとイラストを見て納得してしまいました。

本書を世に出す機会を与えてくださった柏書房の多くの皆様にお世話になりました。とくに担当の二宮恵一さんには、自由に書かせていただきながらも、要所では導いていただいたという印象があります。レイアウトや装丁に至るまであれこれお願いしたので調整が大変であったと思います。おかげさまで、楽しい一冊が生まれました。

その他、私を支えてくださったすべての皆様への感謝の気持ちは、本書の行間に織り込んでおいたつもりです。図書館への恩返しも少しはできたでしょうか。

そして何より読んでいただいた皆様、本当にありがとうございました。彩乃ちゃんのひと夏の物語、いかがでしたか。図書館で皆様に何かいいことがありますように。

二〇〇七年十一月

高田高史

著者紹介

高田高史（たかた・たかし）

（略歴）
1969年8月4日生まれ。
学習院大学大学院 人文科学研究科 修了
神奈川県立川崎図書館 勤務
かながわレファレンス探検隊 事務局
（執筆）
『図書館のプロが教える〈調べるコツ〉』（柏書房）
・共著、旧姓・浅野にて執筆。
NPO図書館の学校 機関誌に「レファレンスひろば」連載。
（2007年11月現在）

図書館《としょかん》が教《おし》えてくれた発想法《はっそうほう》

2007年12月20日　第1刷発行
2012年 2 月25日　第3刷発行

著者　高田高史

発行者　富澤凡子
発行所　柏書房株式会社
東京都文京区本駒込1-13-14（〒113-0021）
電話（03）3947－8251［営業］
（03）3947－8254［編集］

ブックデザイン　森　裕昌
装画　亀田伊都子
DTP　ハッシィ
印刷　新灯印刷株式会社
製本　小高製本工業株式会社

ISBN978-4-7601-3246-1